2006
中国粮食发展报告

CHINA GRAIN DEVELOPMENT REPORT 2006

主　编　聂振邦
副主编　任正晓

经济管理出版社
ECONOMY & MANAGEMENT PUBLISHING HOUSE

图书在版编目（CIP）数据

2006中国粮食发展报告／聂振邦主编. —北京：经济管理出版社，2006

ISBN 7-80207-662-5

Ⅰ.2...　Ⅱ.聂...　Ⅲ.粮食—经济发展—研究报告—中国—2006　Ⅳ.F326.11

中国版本图书馆CIP数据核字(2006)第093634号

出版发行：经济管理出版社
北京市海淀区北蜂窝8号中雅大厦11层
电话：(010) 51915602　　邮编：100038

印刷：精美彩色印刷有限公司　　经销：新华书店

责任编辑：张　艳
技术编辑：晓　成
责任校对：超　凡

880mm × 1230mm/16　　7印张　　138千字

2006年9月第1版　　2006年9月第1次印刷

印数：1-3000册　　定价：150.00元

书号：ISBN 7-80207-662-5/F · 578

2006中国粮食发展报告
编辑委员会

目 录

目录

目 录

附录

2005年中国粮食发展概述

国家粮食局党组书记、局长　聂振邦

2005年，是我国全面实现“十五”改革发展目标的一年，是粮食生产实现较大增长的一年，也是粮食流通各项工作取得重要进展的一年。各地区、各有关部门按照党中央、国务院的部署，大力推进粮食综合生产能力建设，积极稳妥推进粮食流通体制改革，加强粮食宏观调控，发展粮食产业化经营，推进粮食产销衔接，推动粮食物流体系建设，依法加强对全社会粮食流通管理，各项粮食工作取得显著成效，为促进粮食稳定增产、种粮农民持续增收，以及保持国民经济持续平稳快速发展作出了积极贡献。

一、粮食生产呈现良好发展势头，粮食产量实现较大幅度增长

2005年，党中央、国务院出台了一系列更直接、更有力的扶持粮食生产的政策措施，有效地保护和调动了种粮农民生产积极性和地方政府重农抓粮的积极性，促进了粮食生产发展。全部免征农业税、牧业税和除烟叶以外的特产税，当年免征农业税和特产税为农民减负约220亿元。扩大粮食直接补贴规模和范围，对部分地区农民实行良种推广补贴和农机具购置补贴。在粮食主产区实施短缺的重点粮食品种最低收购价政策，继续加强对化肥价格监管，对重点紧缺化肥品种的进出口进行适度调控，稳定农业生产资料价格。实行最严格的耕地保护制度，控制非农占用耕地的审批，确保基本农田总量不减少、质量不下降、用途不改变，为粮食生产的稳定发展奠定坚实的基础。

一年来，各地各部门认真贯彻中央农村工作会议和《中共中央国务院关于加强农业综合生产能力建设的意见》（中发[2005]1号）精神，切实落实党中央、国务院关于扶持粮食生产的各项政策措施，积极推进粮食综合生产能力建设，粮食生产继续实现恢复性增长。据国家统计局统计，全国粮食总产量48402.2万吨，比上年增产1455.2万吨，增长3.1%。

总体上看，2005年粮食生产的特点：一是粮食播种面积在上年增加220万公顷的基础上新增267万公顷，面积增加对粮食增产的贡献率达到85%；二是粮食单产再创历史新高，每公顷达4642公斤，较上年提高21公斤；三是粮食总产在上年增产量创历史最好水平的基础上，又增产1455.2万吨；四是优质专用粮食品种快速发展，以粮食为主的农产品订单面积比上年增加480万公顷，粮食主产区充分发挥粮食资源优势，畜牧业和粮食加工业呈现加快发展的良好势头。

二、积极推进粮食流通体制改革，新的粮食流通体制基本框架初步确立

2005年6月，国家粮食局召开全国粮食局长会议，全面分析了粮食流通体制改革取得的成效及面临的新形势、新任务，提出以科学发展观统领粮食流通工作，必须坚持把保护好种粮农民利益作为改革的出发点，调动主产区和农民种粮积极性；必须坚持市场化取向，在国家宏观调控下充分发挥市场机制在配置粮食资源中的基础性作用；必须始终把确保国家粮食安全作为改革的落脚点，切实加强和改善粮食宏观调控；必须紧紧抓住国有粮食购销企业改革这个重要环节，从根本上转换企业经营机制；必须注重依法加强粮食市场监管，维护粮食流通正常秩序；必须全面落实粮食省长负责制，确保粮食流通工作的各项政策措施落到实处。在有关方面的共同努力下，粮食流通体制改革工作稳步推进，总体上看，适应社会主义市场经济发展要求和符合我国国情的粮食流通体制基本框架已经初步确立。

三、逐步解决国有粮食购销企业历史包袱，国有粮食企业焕发出新的生机和活力

2005年，国有粮食购销企业“三老”历史包袱逐步得到解决。“老人”方面，截至年底，全国国有粮食企业职工总数113.45万人，其中购销企业74.52万人，比上年分别减少52.83万人和30.25万人，减幅为31.8%和28.9%。在做好减员分流工作的同时，各地积极做好下岗职工再就业工作，一年中累计安排国有粮食企业下岗职工再就业27.48万人，占减员分流职工总数的52%。“老账”方面，河北等24个省（区、市）完成了政策性挂账的认定，安徽、北京、广东等18个省（市）已经完成了政策性挂账从企业剥离和上划工作。“老粮”方面，截至年底，除河南、吉林、黑龙江等省还有一部分库存老粮外，其他省份已基本按计划销售完毕。在逐步解决“三老”问题的同时，国有粮食企业产权制度改革取得积极进展。截至年底，

国有粮食企业调减到27831个，其中购销企业17714个。国有粮食企业中已经改制的达到16837个，其中购销企业改制10852个，分别占企业总数的60.5%和61.3%。改制后的国有粮食企业经营机制发生了较大变化，企业布局和结构优化，市场竞争力和经济效益提高，在保护种粮农民利益、稳定粮食市场和价格等方面起到了重要载体和主导作用。

四、围绕粮食稳定增产和种粮农民持续增收，进一步加强和改善了粮食宏观调控

按照促进粮食稳定增产和种粮农民持续增收的要求，着力抓好粮食收购工作。2005年，国有粮食企业全年收购粮食11494万吨（贸易粮），占全社会粮食商品量的63%，较好地发挥了主渠道作用。及时启动早籼稻和中晚稻最低收购价执行预案，加强对预案实施的指导和监督检查。截至2005年底，按最低收购价收购早籼稻457万吨，收购中晚籼稻733万吨，合计占各类企业籼稻收购总量的54%。配合最低收购价政策的实施，调控中央储备粮轮换节奏，在新粮上市时采取暂停轮换出库和先轮入后轮出等办法，有效避免打压市场粮价。各地进一步充实地方储备粮规模，创新和规范管理机制。建立粮食应急预案，2005年国务院批准了由国家粮食局等部门起草的《国家粮食应急预案》，各地加强了粮食应急保障体系建设。积极贯彻实施新的粮食流通统计制度，全面掌握全社会粮食流通和供求情况，为粮食宏观调控提供信息服务。

五、粮食产销衔接稳步发展，粮食产业化经营方兴未艾

为发展长期稳定的产销协作关系，使产区粮食有稳定销路，销区粮源有可靠保障，一些主产区、主销区积极探索产销衔接的方式。例如，黑龙江省与北京、上海、浙江、云南等省市开展了粮食“代收、代储、代加工”业务和“储、加、销”一体化运作等深层次合作，为北京、上海代购、代储地方储备粮；又如，广东、福建、海南等省通过引进产区粮食生产、加工、经营企业到本省合作投资建厂，以及举办粮食产销协作洽谈会等多种方式，吸引更多的企业参与产销衔接。粮食产业化经营发展迅速，产业化龙头企业得到发展和壮大，并保持了良好的势头。到2005年底，全国国有粮食企业中规模以上产业化龙头企业达到1442户。产业化龙头企业积极开展粮食订单收购和精深加工，延长了粮食产业链条，增加了粮食产业经济效益，提高了种粮农民收入。

六、粮食市场体系建设步伐加快，现代粮食物流体系建设取得新进展

截至2005年底，全国多种所有制粮食经营企业和农村粮食经济人达到10万家以上，具有一定辐射范围的区域性粮食批发市场已有近500家，粮食现货交易、期货交易及电子商务继续发展。加强对粮食批发市场建设的指导，建立大中城市成品粮批发市场重点联系制度和成品粮油价格周报制度。编制了《全国粮食现代物流设施建设规划（草案）》、《粮食流通基础设施建设“十一五”规划（草案）》。北京、广东、浙江等省（市）积极争取当地政府和有关部门的支持，投入资金，建设了一批地方粮库，新建、维修和改造了粮食流通基础设施，增加了粮食仓储和收购能力。

七、两个《条例》的贯彻落实进一步深入，粮食行政管理部门职能转变迈出新步伐

依据《粮食流通管理条例》和《中央储备粮管理条例》，截至2005年底，29个省（区、市）出台了粮食收购资格管理办法，6个省（市）出台了粮食流通监督检查办法，20个省（区、市）出台了粮食质量监管办法。各地依法建立了粮食收购市场准入制度，规范了粮食收购市场秩序。粮食行政许可工作稳步展开，粮食行政复议工作有序启动。国家粮食局进行了中央储备粮代储资格认定集中办理工作，截至2005年底，授予1680户企业代储资格，取得代储资格的仓容总量达8000多万吨。全国初步建立了粮食流通监督检查工作机制，已有23个省级粮食行政管理部门设立了监督检查工作机构，为规范粮食市场秩序提供了组织保证。

第一部分

粮食生产

一、2005年粮食生产特点

（一）粮食面积继续恢复性增加

2005年粮食播种面积10427.85万公顷，比上年增加267万公顷，粮食面积增加对粮食增产的贡献率为85%。

（二）粮食单产再创历史新高

2005年全国粮食单产每公顷4642公斤，在上年大幅度增产的基础上，又提高21公斤，再创历史新高。

（三）粮食总产实现恢复性增长

2005年粮食总产48402.2万吨，比上年增产1455.2万吨。是1984年以来第三个实现连续两年粮食增产5000万吨的年份（见图1-1）。

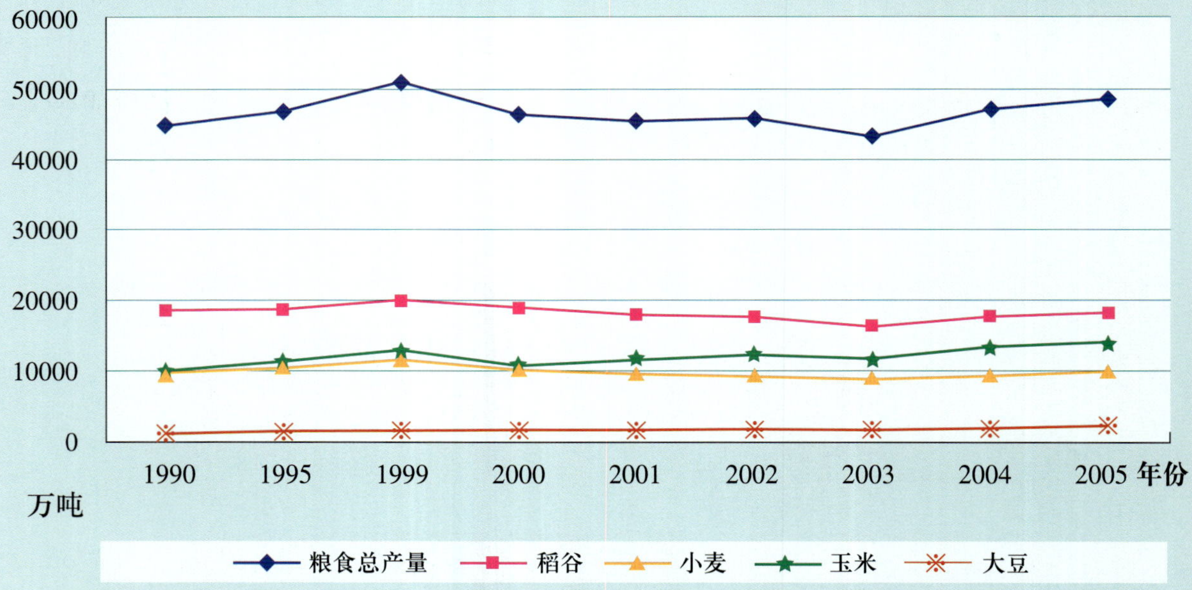

图1-1　1990~2005年粮食产量图

（四）优质专用品种快速发展

2005年优质稻谷面积增加126.7万公顷，优质率达到64%。优质专用小麦增加160万公顷，优质率达到48%。优质专用玉米增加193.3万公顷，优质率达到37%。优质专用大豆、脱毒薯类稳定发展。以粮食为主的农产品订单面积比上年增加480万公顷（见表1-1）。

表 1-1 2005 年主要粮食优质品种种植面积 单位：万公顷，%

项目 品种	优质品种种植面积	占全部种植面积的百分比	比上年增加	同比增幅
稻谷	1867	64	127	3
小麦	1113	48	160	4
玉米	7993	37	193	6

（五）三季粮食“两增一减”

夏粮增产：2005 年夏粮播种面积 2634.0 万公顷，比上年增加 116.4 万公顷，增幅 4.6%，扭转连续七年面积减少的局面。夏粮总产 10639.9 万吨，比上年增产 525.9 万吨，增幅 5.2%。

早稻持平略减：2005 年早稻播种面积 602.8 万公顷，比上年增加 8.2 万公顷，增幅 1.4%。早稻总产 3187.3 万吨，比上年减产 34.2 万吨，减幅 1.1%。单产每公顷 5288 公斤，比上年降低 130 公斤，降幅 2.4%。

秋粮增产：2005 年秋粮播种面积 7191.1 万公顷，比上年增加 142.7 万公顷，增幅 2.0%。秋粮总产 34575.1 万吨，比上年增产 963.7 万吨，增幅 2.9%。单产每公顷 4808 公斤，比上年提高 39 公斤（见图 1-2）。

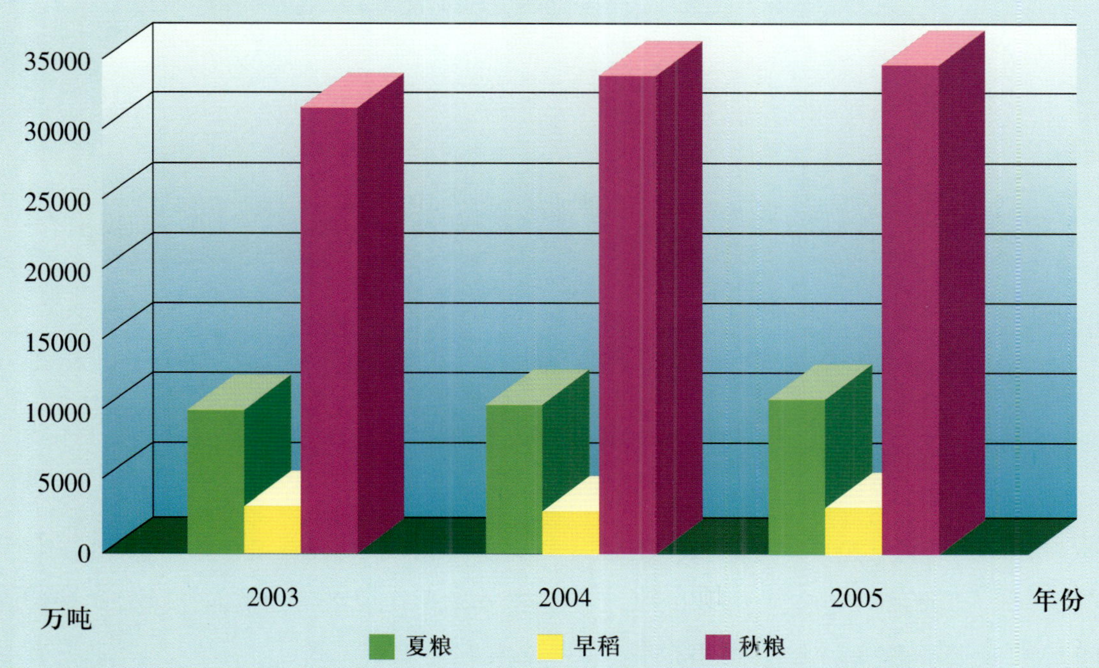

图 1-2 夏粮、早稻、秋粮增产图

（六）三大主要粮食品种全部增产

稻谷增产：2005年稻谷播种面积2884.7万公顷，比上年增加46.9万公顷，增幅1.7%。总产18058.8万吨，比上年增加149.8万吨，增幅0.8%。每公顷产量6260公斤，比上年降低51公斤，减幅0.8%。

小麦增产：2005年小麦播种面积2279.2万公顷，比上年增加116.6万公顷，增幅5.4%，扭转了播种面积连续7年下滑的局面。总产9744.5万吨，比上年增加549.5万吨，增幅6.0%。单产创历史最高水平，每公顷产量4275公斤，比上年增加23公斤，增幅0.5%。

玉米增产：2005年玉米播种面积2635.8万公顷，比上年增加91.2万公顷，增幅3.6%。总产13936.5万吨，比上年增加907.5万吨，增幅7.0%。每公顷产量5287公斤，比上年增加167公斤，增幅3.3%。

大豆持平略减：2005年大豆播种面积959.1万公顷，比上年增加0.2万公顷，增幅0.02%。总产1635万吨，比上年减产105.4万吨，减幅6.1%。每公顷产量1705公斤，比上年降低110公斤，减幅6.1%（见图1-3）。

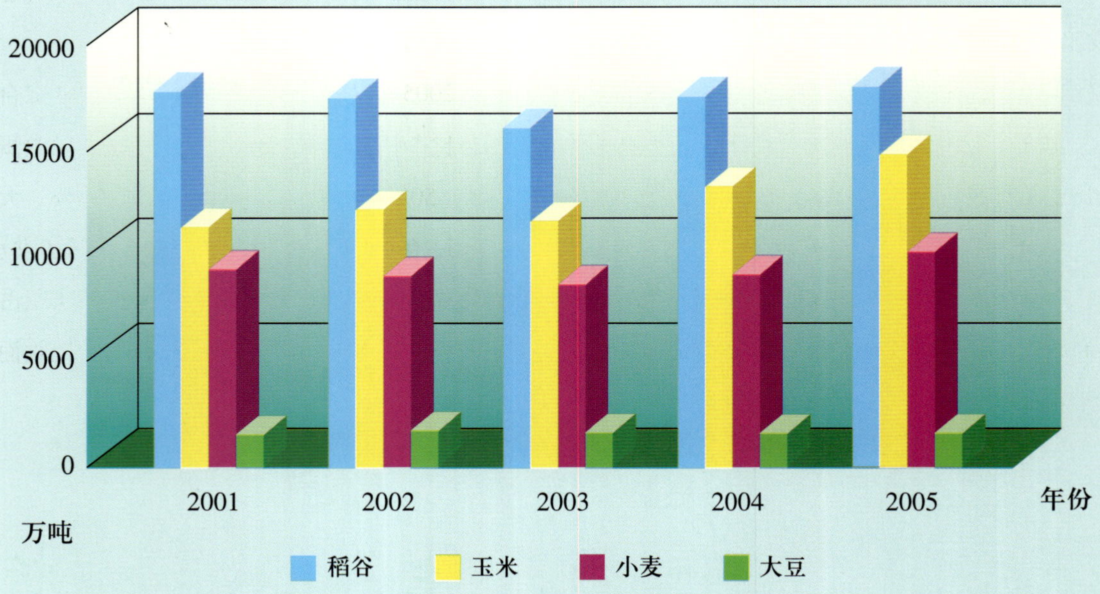

图1-3 四大粮食品种增产图

薯类及杂粮持平略减：2005年薯类播种面积950.3万公顷，比上年增加4.6万公顷，增幅0.5%。总产3468万吨，比上年减产89.1万吨，减幅2.5%。每公顷产量3649公斤，比上年降低113公斤。谷子、高粱、其他谷物等，播种面积和总产与上年基本持平。

（七）增产面广，主产区增产幅度大

山西、上海、浙江、安徽、福建、海南、西藏等7省（区、市）因灾减产；其他24个省（区、市）均有不同程度的增产，其中山东、河南、内蒙古、河北等省（区）增产100万吨以上。主产区继续保持较高的增长贡献率，13个粮食主产区增产粮食1328.2万吨，占全国增产总量的91%。

二、2005年粮食综合生产能力建设

2005年，各地各部门认真贯彻落实《中共中央国务院关于加强农业综合生产能力建设的意见》（中发[2005]1号）文件精神，增加投入，强化措施，扎实工作，推进农业综合生产能力尤其是粮食综合生产能力建设。一是加强耕地保护；二是开展农业科技入户示范工程，加大沃土工程实施力度，实施测土配方施肥春季和秋季行动，在气候条件不利的情况下，粮食单产仍然保持了稳定增长的好势头，并创历史新高；三是继续实施优质粮食产业工程，加强农业基础设施建设，增强抗御风险能力。截至2005年年底，优质粮食产业工程覆盖全国405个项目县（场），占项目总体规划县（场）的83.7%。

2005年是“十五”最后一年，粮食综合生产能力比“十五”初期有所提高。全国农田灌溉面积达到5503万公顷，占耕地面积的45.1%。大江大河经过治理，可防范50年甚至百年一遇的洪水。农业机械化水平有很大提高，全国机耕面积占总耕地面积的50.2%，机播面积占30.3%，机收面积占22.6%。

三、主要粮食品种生产成本分析

（一）2005年粮食生产成本收益变化情况

2005年，由于农业生产资料价格上涨，粮食生产成本增加，粮食价格有所下降，农民种粮收益也有所减少。

成本上升。2005年，化肥、种子、农药等主要农资价格上涨较多，加之燃油、电力价格上涨导致机械作业费用提高，粮食直接生产费用增加较多。稻谷、小麦、玉米三个粮食品种平均每亩化

肥费84.31元，比上年增加12.87元，增幅18%；每亩种子费24.9元，比上年增加3.84元，增幅18.2%；每亩农药费14.38元，比上年增加2.83元，增幅24.5%；每亩机械作业费37.73元，比上年增加6.15元，增幅19.5%。同时，人工成本和土地成本也有所上升。2005年稻谷、小麦、玉米三个粮食品种平均每亩总成本425.02元，比上年增加29.6元，增幅7.5%，其中，稻谷、小麦、玉米每亩总成本为493.31元、389.61元、392.28元，分别上升8.5%、9.5%和4.4%。由于全国绝大多数省份全面取消农业税，粮食生产成本中税金支出由上年的每亩13.87元下降到0.74元，缓解了农资价格上涨对粮食生产成本的影响。另外，各地积极落实国家支农惠农政策，加大粮食直补、良种补贴和购买农机补贴政策力度，种粮农民平均每亩得到的补贴性收入为9.84元，比上年增加1.5元，增幅18.1%。

价格有所下降。连续两年粮食大丰收之后，2005年国内粮食市场供求关系发生变化，市场价格出现下降趋势。由于国家继续实行粮食最低收购价格政策，积极调控粮食市场，粮食价格保持在较高价位上。稻谷、小麦、玉米三个粮食品种平均农户实际出售价格为每50公斤67.31元，比上年下降3.42元，下降4.8%。其中，稻谷77.66元、小麦68.93元、玉米55.53元，分别下降2.7%、7.4%和4.4%。

收益下降。由于价格下降，成本上升，2005年种粮农民收益有所减少。稻谷、小麦、玉米三个粮食品种平均每亩净利润122.58元，比上年减少74元，减幅37.6%，其中，稻谷、小麦、玉米每亩净利润为192.71元、79.35元和95.54元，分别比上年下降32.4%、53.2%和29.2%。

（二）2005年各粮食品种成本收益比较

从每亩成本收益水平看，2005年稻谷、小麦、玉米三个粮食品种中，小麦和玉米每亩总成本基本接近，玉米每亩现金成本略低于小麦。稻谷各品种的成本和收益都高于小麦和玉米，其中粳稻的成本和收益水平最高。各粮食品种每亩总成本由低到高排列的顺序为：小麦（389.61元）、玉米（392.28元）、早籼稻（463.48元）、中籼稻（468.20元）、晚籼稻（469.32元）、粳稻（572.91元）；每亩净利润由低到高排列的顺序为：小麦（79.35元）、玉米（95.54元）、早籼稻（97.93元）、晚籼稻（129.78元）、中籼稻（233.92元）、粳稻（308.52元）。从每50公斤成本看，玉米继续处于最低水平，早、晚籼稻最高。各粮食品种每50公斤总成本由低到高排列的顺序为：玉米（44.7元）、中籼稻（47.6元）、小麦和粳稻（同约为57元）、早籼稻和晚籼稻（同约为60元）（见表1-2）。

表 1-2　2004 年、2005 年粮食成本收益比较表　　单位：元

品种	每亩总成本		每亩净利润		每 50 公斤总成本		每 50 公斤平均出售价格	
	2004 年	2005 年	2004 年	2005 年	2004 年	2005 年	2004 年	2005 年
稻谷	454.64	493.31	285.09	192.71	49.06	55.87	79.82	77.66
早籼稻	433.19	463.48	184.41	97.93	53.38	60.00	76.10	72.73
中籼稻	445.72	468.20	333.43	233.92	43.12	47.60	75.30	71.31
晚籼稻	437.66	469.32	232.87	129.78	53.47	60.00	81.92	76.89
粳稻	501.80	572.91	389.81	308.52	48.10	57.00	85.40	88.37
小麦	355.92	389.61	169.58	79.35	50.44	57.00	74.60	68.93
玉米	375.70	392.28	134.94	95.54	42.72	44.70	58.10	55.53

（三）2005 年粮食与主要经济作物成本效益比较

成本比较。2005 年粮食与油料（花生和油菜籽两种油料平均，下同）、棉花的成本比基本稳定。以粮食每亩总成本为 1，粮油成本比、棉粮成本比均保持上年的水平，分别为 0.9∶1 和 1.9∶1；烟粮成本比由上年的 2.71∶1 上升到 2.95∶1（见图 1-4）。

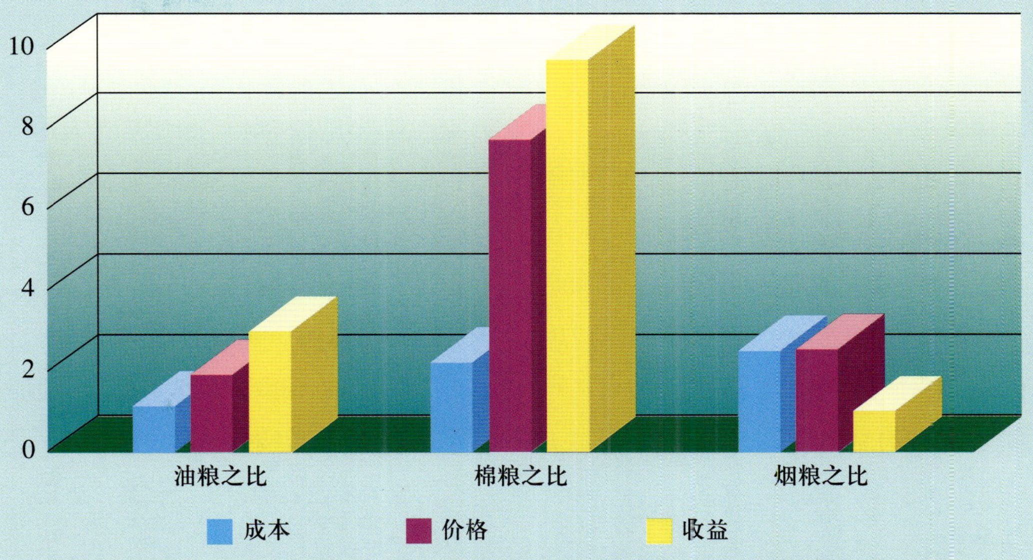

图 1-4　2005 年主要经济作物与粮食的成本效益比

价格比较。2005年，油料平均出售价格为每50公斤145元，比上年下降9.4%；棉花平均出售价格为每50公斤653.5元，比上年提高19.9%；烤烟平均出售价格为每50公斤519元，比上年提高8.1%。由于价格变化方向和幅度不一，不同农产品之间的比价关系发生了较大变化。以粮食价格为1，油粮价格比由上年的2.3∶1回落到2.2∶1，烟粮价格比由上年的6.8∶1上升为7.7∶1，棉粮价格比则由上年的7.7∶1猛升到9.7∶1。

收益比较。2005年粮食价格下降，棉花、烤烟价格上涨，粮食比较效益有所降低。棉粮收益比（每亩现金收益之比，以粮食为1）由上年的1.6∶1提高到2.5∶1，烟粮收益比由上年2∶1上升到2.5∶1。由于2005年油料作物单产下降、价格降低，油粮收益比由上年的1.1∶1下降到1∶1。

四、2005年国家扶持粮食发展政策

2005年，党中央、国务院出台了更直接、更有力的扶持粮食生产的政策措施，主要有三减免、三补贴和四保障。

（一）三减免

2005年，全国牧业税和除烟叶以外的特产税已全部免征，全国免征农业税的省份继续扩大。有28个省（区、市）提前实现全部免征农业税和除烟叶以外的特产税，河北、山东、云南3省的210个县（市）实施免征农业税。当年免征农业税和特产税为农民减负220亿元左右。

（二）三补贴

扩大粮食直接补贴规模和范围。2005年全国共有30个省份实施粮食直补，资金达132亿元，比上年增加13.8%。

对部分地区农民实行良种推广补贴。2005年良种推广补贴的中央财政资金38.7亿元，比上年增加10.2亿元；补贴省份由上年的13个扩大到17个。

对部分地区农民实行农机具购置补贴。2005年农机具购置补贴资金规模为3亿元，比上年增加2.3亿元。

（三）四保障

种粮收益保障。2005年在部分地区实施重点粮食品种最低收购价政策，并在早稻、中晚稻主产区实施了最低收购价执行预案，稳定了稻米市场价格和种粮农民的收益。另外，由中国储备粮管理总公司采取先轮入后轮出方式，按一定价格收储650万吨小麦，对小麦进行托市。

农资价格保障。为控制化肥价格上涨，2005年国家继续加强化肥价格监管，控制出厂价格和批零差率，对重点紧缺化肥品种的进出口进行适度调控，稳定农业生产资料价格。

耕地保障。国务院办公厅印发《省级政府耕地保护责任目标考核办法》，建立省级政府耕地保护目标责任制度，切实加强耕地保护。农业部、国土资源部等部门联合下发了《关于进一步做好基本农田保护有关工作的意见》，切实落实保护基本农田的各项措施。一系列政策办法的出台，有效控制了非农建设占用耕地，确保基本农田总量不减少、质量不下降、用途不改变。

财政支持保障。2005年，中央财政安排55亿元用于对全国800多个产粮大县进行奖励，缓解县乡财政困难，调动地方政府重农抓粮的积极性。

五、2006年粮食生产形势展望

（一）影响粮食生产因素分析

2006年，国家实行工业反哺农业、城市支持农村政策，继续坚持“多予少取放活”的方针，巩固、完善和强化支持粮食发展的措施，为促进粮食稳定发展营造了良好政策环境。但促进粮食稳定发展也还面临一些困难和问题：一是从历史看，1984年以来，粮食连续两年增产5000万吨有过两次，而连续三年增产还没有出现过，2006年在连续两年增产基础上再增产压力大。二是从面积看，继续扩大粮食种植面积的空间有限。2004年和2005年共增加粮食播种面积487万公顷，撂荒地和闲置地已基本利用。同时，新一轮结构调整正在加速，对稳定增加粮食面积构成压力。三是从市场价格看，粮价下行压力较大，同时化肥、柴油等主要农资价格居高不下，双重挤压影响种粮收益。四是从气候上看，2006年自然灾害偏重发生的几率可能增加，灾害对粮食生产影响不可低估。五是从种粮积极性来看，一些地方出现了放松粮食生产的倾向，受种粮效益回落的影响，农民种粮积极性有所下降。

（二）发展粮食生产主要措施

2006年粮食生产的基本思路和目标是：贯彻落实科学发展观，强化政策支持，完善宏观调控，保护基本农田，提高耕地质量，实施粮食综合生产能力增强行动，稳定面积，主攻单产，节本增效，提升能力，切实转变粮食增长方式，促进粮食稳定增产和农民持续增收。为此需要采取以下措施：

1.实施粮食综合生产能力增强行动

继续实施优质粮食产业工程、种子工程、植保工程和新一轮沃土工程，继续推进农业“七大体系”建设，着力提高资源保障能力、科技支撑能力、物质装备能力、抗御风险能力和政策支持能力，稳步提升粮食综合生产能力。

2.稳定粮食播种面积

加强信息引导和服务，引导农民安排好种植结构，避免耕地撂荒，改变粗放经营，促进精耕细作，提高复种指数，扩大粮食播种面积。

3.主攻优质高产

以实施良种补贴和科技入户工程为手段，促进水稻、小麦、玉米、大豆和杂粮优质高产，重点推广水稻免耕栽培等10项增产增效技术。选育高产优质品种，建立和完善主要粮食作物新品种、新技术展示示范体系。

4.加强耕地质量建设

利用优质粮食产业工程和新一轮沃土工程等项目资金，推广“增、提、改、防”技术，开展保护性耕作，加强土地平整和田间小型水利设施建设，建设高标准粮田，全面提高耕地质量。扩大测土配方施肥，推动科学施肥，增施有机肥，优化肥料结构。

5.加强农资供应和市场监管

着力加强农业生产资料的调剂和调运，发挥“淡储”作用，保证种子、肥料、农药、农膜、柴油等农资供应。鼓励农资连锁配送经营，支持发展多种形式的农资购销合作组织，发展直供直销，降低流通成本，保证农资质量。加强农资市场监管，完善农资市场价格形成机制、供求信息发布制度和农资质量追溯制度。开展农资市场专项整治，严厉打击制售假冒伪劣农资等违法行业，净化农资市场，维护农民利益。

6.牢固树立抗灾夺丰收思想

立足抗灾夺丰收，牢固树立防大灾、抗大灾的思想，进一步完善各项农业防灾减灾应急预案，做到防灾减灾的组织领导、技术指导和资金、物资等措施落实到位，积极主动防范干旱、洪涝等各种灾害。加强主要病虫害的预测预报和防控，完善灾害应急预案，抓好各项防控措施的落实。

7.落实最严格的耕地保护制度

继续落实耕地和基本农田保护的政策措施，坚决守住耕地和基本农田，加强耕地地力建设，提高耕地产出率。

8.加强粮食宏观调控

完善重点粮食品种最低收购价政策，适时启动最低收购价执行预案。密切监测市场动向，加强市场供求和价格信息发布。把握好储备粮吞吐时机和节奏，组织好粮食调运。积极运用储备、进出口等调节手段，保持粮食供求基本平衡，稳定粮食市场价格，保护种粮农民利益。

专栏1

良种推广补贴成效显著

一、实施情况

2002年，中央财政安排专项资金在东北部地区4省、区对高油大豆进行的良种推广补贴，首开我国在世贸组织框架下农业生产性补贴之先河。四年来，补贴品种、补贴面积和补贴范围不断扩大，补贴成效越来越显著。

补贴品种扩大。2002年仅对高油大豆进行补贴，2003年优质专用小麦也纳入了补贴品种。从2004年起，补贴品种扩大到优质专用小麦、水稻、专用玉米和高油大豆四大粮食作物。

补贴面积扩大。2002年补贴面积为66.7万公顷，2003年为200万公顷，2004年为1645.1万公顷，2005年扩大到2311.1万公顷。

补贴资金增加。2002年补贴资金为1亿元，2003年为3亿元，2004年为28.5亿元，2005年增加到38.7亿元。

补贴省份扩大。2002年补贴范围仅涉及黑龙江、吉林、辽宁、内蒙古4个省区，2003年增加河北、河南、山东、江苏、安徽等5个省，2004年再次增加湖南、湖北、江西、四川等4个省，2005年继续增加山西、陕西、新疆、甘肃等4个省区。到2005年补贴范围扩大到17个省区，并已涵盖全部13个粮食主产区。

补贴惠及农户扩大。2002年补贴惠及78个县（市、场）332个乡（镇）的53万户，四年来补贴惠及县乡村户不断扩大，到2005年补贴已惠及1287县14945个乡（镇）的5060万户。

二、主要成效

（一）提高农民种粮积极性，促进粮食播种面积恢复性增加

2004年粮食播种面积恢复增加，比2003年扩大219.6万公顷，其中水稻面积在良种推广补贴带动下7个补贴省区增加了139.3万公顷。2005年粮食播种面积继续增加267万公顷，其中11个小麦良种推广补贴省播种面积扩大113.3万公顷，7个水稻补贴省面积扩大66万公顷。

（二）提高粮食作物单产水平，增强粮食综合生产能力

2004年，水稻补贴7省项目区平均每公顷产量6255公斤，比2003年增加315公斤，增幅为5.3%。2005年，7省水稻“四挂钩”补贴试点平均每公顷产量7509公斤，比非“四挂钩”增加453公斤，增长6.4%；小麦补贴省区平均每公顷产量5842.5公斤，比非项目区增加1011公斤；玉米补贴省区平均每公顷产量比非项目区高出750公斤以上；大豆补贴省项目区平均每公顷产量2733公斤，比非项目区增产358.5公斤，超过世界平均2250多公斤的产量水平，达到美国、巴西等国的高产水平。

（三）提高粮食作物品质，促进优质优价政策落实

2005年，全国水稻优质率由补贴前2003年的61.3%提高到64.3%，增加3个百分点；小麦优质率由补贴前2002年的30.4%提高到48.7%，增加18.3个百分点；玉米优质率由补贴前2003年的28.3%提高到36.9%，增加8.6个百分点；大豆优质率由补贴前2001年的36.6%提高到66.2%，增加29.6个百分点。

（四）提高粮食作物的种植效益，增加种粮农民的收入

2005年，优质专用小麦、专用玉米、高油大豆项目区亩纯效益分别为322.1元、436.4元和273.4元，比非项目区增加71.6元、88.7元和55.2元。良种推广补贴实现农民增收，主要包括良种良法的增产增效、财政补贴、省种省肥节本，以及订单生产和优质优价等方面。

（五）提高统一供种水平，增加良种覆盖率

良种推广补贴为实现统一供种提供了新途径，有利于提高粮食生产科技含量、加快优势农产品产业发展。通过补贴，项目区主导品种逐步建立，品种布局基本实现“一主两辅”、“一乡一品（品种）”，初步改变了品种“多、乱、杂”的局面，良种覆盖率、种子统供率、产品优质率达到100%。

（六）提高优质粮食的产业化水平，推进了优质粮食产业带建设

良种推广补贴能有效引导优质水稻、优质专用小麦、专用玉米、高油大豆向优势区集聚，形成我国东北地区、长江流域、华南地区优质水稻优势产业带，黄淮海优质强筋小麦、长江中下游优质弱筋小麦、大兴安岭沿麓强筋春小麦优势产业带，东北及内蒙古、黄淮海专用玉米优势区，东北高油大豆优势区。各项目省严格按照集中连片、规模种植的要求落实补贴，使优质专用小麦以县为单位种植规模在1.3万公顷以上，专用玉米以村为单位整村推进，高油大豆按照单一品种集中连片种植，基本形成了大方667公顷，小方66.7公顷的区域。

第二部分

粮食流通

一、2005年粮食流通情况

（一）粮食商品率达到46%，比上年提高5个百分点

2005年，全国粮食商品量约22500万吨，商品率约46%，比上年提高5个百分点。商品率提高的主要原因是，粮食连续两年较大幅度增产，农民售粮积极，可供市场流通的商品粮源增加较多。从地区分布看，大部分地区粮食商品量都有不同程度提高，其中吉林、黑龙江、辽宁、江苏、河南、江西、山东、内蒙古、湖南、四川等10个粮食主产区的商品量都比上年增加110万吨以上，最多的增加415万吨。这10个省（区）商品量增量占全国的91%。从品种看，主要粮食品种商品量均比上年增加，小麦、稻谷、玉米商品量分别增加1200万吨左右、1000万吨左右和1300万吨左右。

（二）粮食跨省流通量略有增加

2005年，省际间粮食购销量约为1.20亿吨，比上年增加500万吨左右。分地区看，7个主销区、除宁夏和新疆外的9个产销平衡区，以及四川、辽宁、山东3个主产区，共19个省（区、市）粮食供需有缺口，需从省外净购进；净购进数量较大的仍然是广东、浙江、福建3省，但购进数量比上年有所减少。黑龙江、吉林、江苏、河南4省净销往省外的粮食数量较多，都在670万吨以上。分品种看，省际间购销量分别为：小麦约2700万吨，比上年减少50万吨；稻谷约3650万吨，比上年减少100万吨；玉米约3800万吨，比上年增加近300万吨；大豆和其他粮食约1850万吨，比上年增加350万吨（见图2-1）。

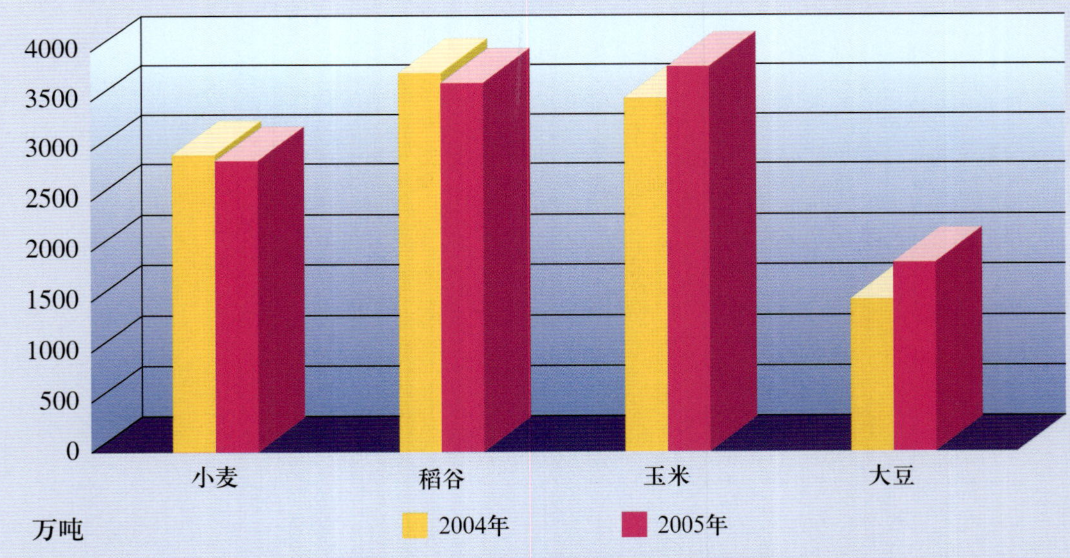

图2-1 主要粮食品种跨省流通情况

（三）粮食购销量均有所增长

2005年，国有粮食企业认真贯彻落实粮食最低收购价政策，积极开展粮食购销工作，粮食购销量均比上年有所增加。2005年国有粮食企业共收购粮食11494万吨（贸易粮，下同），同比增加2574万吨，增幅为28.9%，是历史上增量最高的年份。分品种看，小麦收购3745万吨，同比增加297万吨；大米收购2572万吨，同比增加434万吨；玉米收购4530万吨，同比增加1372万吨；大豆收购506万吨，同比增加415万吨。启动稻谷最低收购价执行预案的安徽、江西、湖北、湖南、四川5省，指定库点按最低收购价挂牌收购早籼米和中晚籼米833万吨。分地区看，13个粮食主产区国有粮食企业累计收购粮食9782万吨，同比增加2405万吨；7个主销区国有粮食企业累计收购粮食382万吨，同比增加196万吨；11个粮食产销平衡区国有粮食企业累计收购粮食1330万吨，同比减少27万吨（见图2-2）。

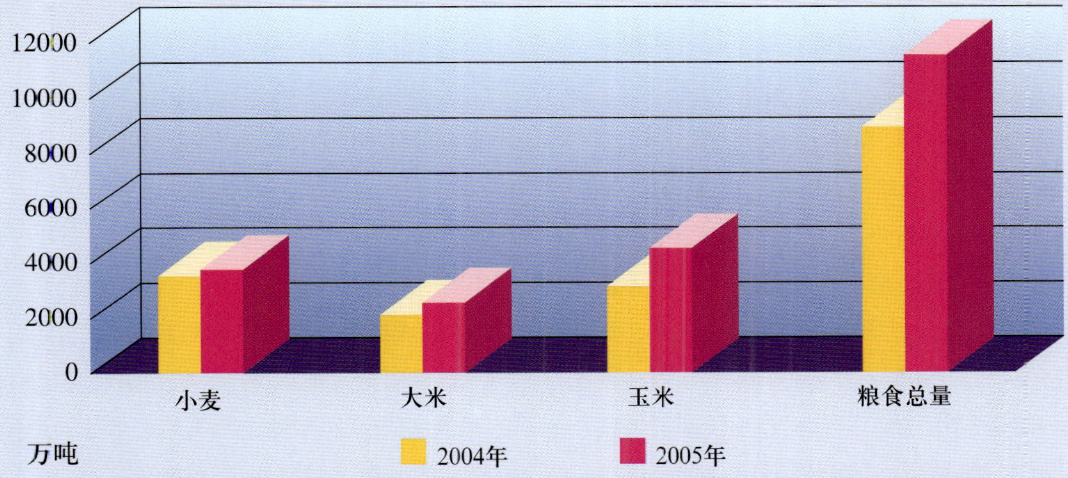

图2-2 2004年、2005年国有粮食企业收购粮食情况图

2005年国有粮食企业粮食收购量增加的主要原因：一是粮食丰收，商品量增加，市场粮源较多。二是国家宏观调控的结果。为保持粮食价格在合理水平上基本稳定，国家出台了一系列调控措施，如加大东北地区玉米购销和出口的力度，对小麦实行托市收购，在部分主产省启动稻谷最低收购价执行预案等。由于这些政策措施的执行主体基本为国有粮食企业，因此国有粮食企业收购量增加。总体上看，社会各类粮食企业收购量都比上年增加，其中国有粮食企业收购量占社会总收购量的63%，继续发挥主渠道作用。

2005年国有粮食企业累计销售粮食12138万吨，同比增加194万吨，增幅1.6%。分品种看：小麦销售4277万吨，同比减少364万吨；大米销售2557万吨，同比减少689万吨；玉米销售4349万吨，同比增加774万吨；大豆销售842万吨，同比增加532万吨。分地区看：销售比上年增加较多的省份是江苏（385万吨）、北京（358万吨）、内蒙古（145万吨）；减少较多的省份是河南（319万吨）、四川（172万吨）和湖南（161万吨）。小麦和大米销售减少较多的主要原因：一是经过前几年的大力促销，各地库存老粮基本处理完毕，粮食销售量有所下降；二是为稳定市场价格，把市场空间让给农民，夏粮上市期间，国家暂停了中央和地方储备小麦的轮出，并适当控制库存陈小麦销售节奏。早籼稻和中晚稻最低收购价执行预案启动后，中央和地方储备早籼稻和中晚稻原则上也停止轮出。

（四）粮食市场价格稳中趋降，最低收购价对市场粮价起到有力的支撑作用

为保持粮食价格在合理水平上基本稳定，促进粮食增产和农民增收，国家采取了一系列稳定市场粮价的宏观调控措施，取得了明显成效。全年市场粮价走势基本平稳，价格水平略低于上年。分品种看：籼稻价格平稳略降，粳稻价格居高不下；小麦价格整体呈下滑趋势，年末价格趋于平稳；玉米收购价格小幅波动，全年价格呈现先降后升再降再升的走势；大豆市场价格下降幅度较大，年末价格略有回升。2005年国家在安徽、江西、湖北、湖南和四川5省启动了早籼稻和中晚稻最低收购价执行预案，早籼稻、中晚籼稻最低收购价（中等标准）分别为1.40元/公斤、1.44元/公斤，对全年稻谷价格形成较强的支撑，对保持粮价基本稳定发挥了重要作用。

（五）社会粮食库存总量增加，库存品种结构和地区分布与上年基本相同

1.国有粮食企业库存增加

国有粮食企业库存在连续三年下降后，首次开始回升。主要原因：一是当年总购进量（包括收购量和从其他企业购进量）大于总销售量；二是各地积极充实地方粮食储备；三是进口小麦到货较多，增加了库存。分品种看，主要粮食品种库存都有所增加，库存品种结构保持基本稳定。从地区分布看，大部分地区粮食库存增加，主销区粮食库存得到充实，粮食库存地区分布进一步改善。

2.非国有粮食企业库存减少

由于受粮食价格走低和禽流感等因素影响，非国有粮食企业和转化用粮企业收购粮食积极性相对较低，一般随用随购，或者通过国有粮食企业代购代储，因而当年粮食经营量下降，企业库存比上年略有减少。

3.农户和城镇居民存粮基本稳定

2005年粮食继续增产，农户售粮数量也相应增加，年末农户存粮比上年末略有增加。由于市场粮价总体平稳，城镇居民存粮变化不大，基本维持上年同期水平。

二、2006年粮食流通形势预测

（一）粮食生产稳定发展，粮食供求形势继续好转

2006年，国家进一步稳定、完善和强化支农政策，粮食生产继续保持良好的发展势头，粮食播种面积预计还会小幅增加，粮食增产的可能性较大，当年粮食产不足需的矛盾进一步缓解，粮食供求有望实现紧平衡。

（二）粮食流通规模稳步扩大，国有粮食企业市场份额趋于稳定

粮食商品量继续增加，跨省流通量仍会稳步增长。粮食主产区特别是实行小麦、稻谷最低收购价政策的粮食主产省，国有粮食企业仍将发挥流通主渠道作用。预计国有粮食企业粮食收购数量基本维持或略高于上年水平，粮食销售数量可能略高于上年。

（三）粮食市场继续规范，粮食流通效率提高

2006年，国家将进一步健全粮食收购市场准入制度，继续鼓励各种粮食市场主体从事粮食收购和经营活动，参与粮食经营的市场主体数量将会继续增加，市场竞争程度进一步提高。粮食市场体系和物流体系建设以及电子商务等交易方式的推广，将进一步降低交易成本。中央和地方储备粮的购销和轮换，原则上通过规范的粮食批发市场采取竞价交易方式进行，有利于促进宏观调控目标的实现和粮食市场的规范。

（四）粮食市场价格总体稳定，不同粮食品种价格走势出现分化

受供求形势变化和市场心理预期的影响，小麦、早籼稻和中晚籼稻价格存在一定的下跌压力，粳稻将维持在比较高的价格水平；玉米价格水平总体高于上年，季节差价可能会扩大。大豆价格主要受国际市场影响，并将在很大程度上主导国内大豆价格走势。

（五）全社会粮食库存量保持稳定或略增，地方粮食储备进一步充实

2006年，社会粮食总库存将稳定在上年水平，库存品种结构也基本稳定。为规避市场风险，企业主要采取“即购即销、即用即买”的经营策略，商品周转粮库存将继续下降。随着粮食最低收购价政策的贯彻执行，政策性粮食库存会继续增加。同时，地方粮食储备规模将继续得到充实。

三、2005年粮食进出口贸易分析

（一）粮食进口

2005年，我国粮食进口关税配额2215.6万吨，其中小麦963.6万吨、玉米720万吨、大米532万吨。据海关统计，2005年我国粮食（含大豆）实际进口3286万吨，比上年增加288万吨。其中谷物进口627万吨，比上年减少348万吨；谷物中，小麦进口354万吨，比上年减少372万吨；大麦进口218万吨，比上年增加47万吨；大米进口52万吨，比上年减少25万吨。小麦、大米的实际进口数量分别占关税配额准入量的36.7%和9.8%。大豆受国内加工需求拉动，进口数量剧增，达到2659万吨，比上年增加636万吨，为大豆进口历史最高纪录（见图2-3）。

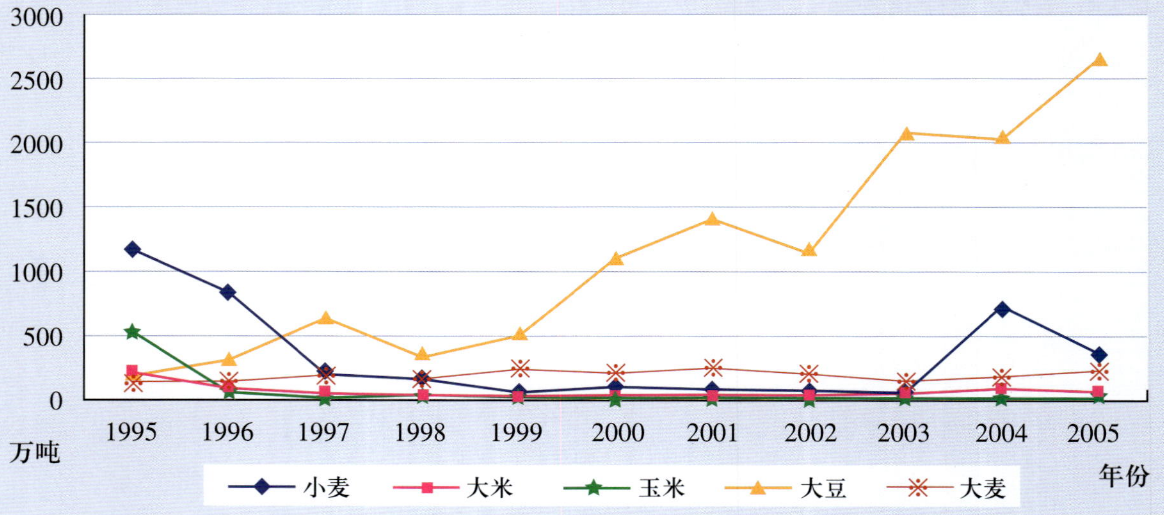

图 2-3　近十年粮食主要品种进口情况

（二）粮食出口

据海关统计，2005 年我国粮食（含大豆）出口 1054 万吨，比上年增加 548 万吨。其中：玉米出口 864 万吨，增加 632 万吨；大豆出口 40 万吨，增加 7 万吨；小麦出口 26 万吨，减少 52 万吨；大米出口 69 万吨，减少 22 万吨（见图 2-4）。

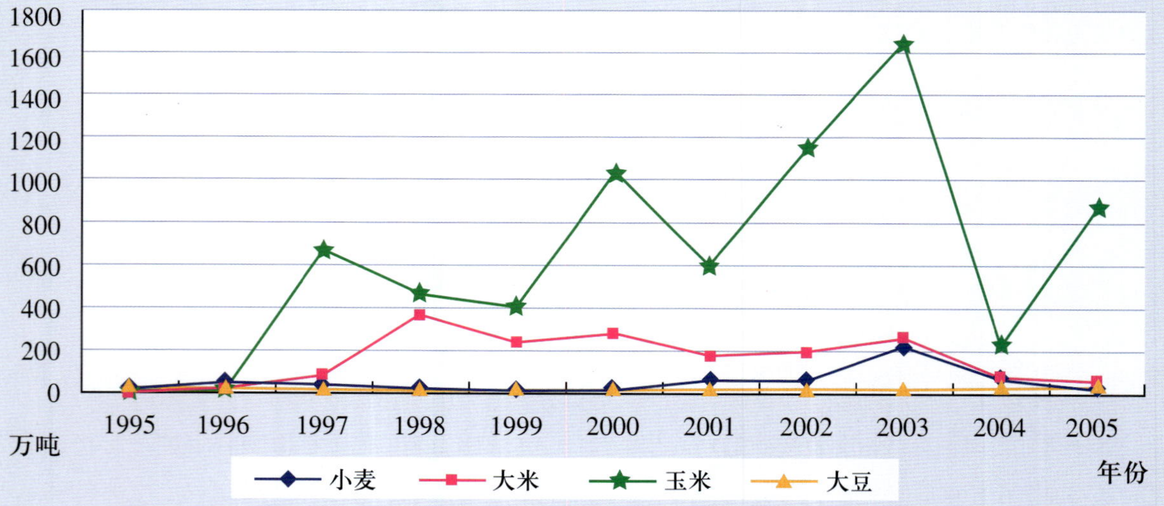

图 2-4　近十年粮食主要品种出口情况

（三）粮食净进口较多

2005年粮食进口大于出口2232万吨，净进口比上年减少260万吨，是1978年以来第三个粮食净进口在2000万吨以上的年份（见表2-1）。

表2-1 近几年粮食进出口情况表

单位：万吨

	1990年	1995年	2000年	2001年	2002年	2003年	2004年	2005年
进口总量	1372.4	2226.0	1408.0	1743.0	1417.0	2293.3	2998.0	3286.0
出口总量	625.1	214.0	1456.0	973.0	1596.0	2437.3	506.0	1054.0
净进口	747.3	2012.0		770.0			2492.0	2232.0
净出口			48.0		179.0	144.0		

专栏2　散粮运输与包粮运输成本比较分析

散粮运输是粮食现代物流的重要标志，与包粮运输相比，具有成本低、效率高、损耗小的特点。

（一）铁路运输成本比较

铁路直达包粮运输是目前东北地区粮食南运的主要物流方式之一。根据吉林省松原国家储备库2005年粮食运输财务统计，在粮食收纳、中转和减少运输抛撒损耗三个环节，散粮比包粮节省的费用分别为14.5元/吨、3.02元/吨、6元/吨，合计节省23.52元/吨。该库2005年铁路直达发运粮食共计49.2万吨，其中铁路散粮发运39万吨。通过散粮发运与包粮发运的费用比较，该库共节省物流费用917万元。

根据吉林粮食集团长春中心库的测算，通过浅圆仓和立筒仓的散粮经发放塔向L18专用散粮火车皮装粮，与通过包粮装火车棚车、敞车相比较，每吨原粮可节省装卸包装费用约10元。同时，散粮运输方式避免了途中损耗，载货量比包粮运输增大，运输周期缩短。据此测算，如果东北地区每年外运原粮（以2003～2004年平均数4100万吨测算）中70%采用铁路直达散装方式，仅装卸费用每年可节省2.87亿元。

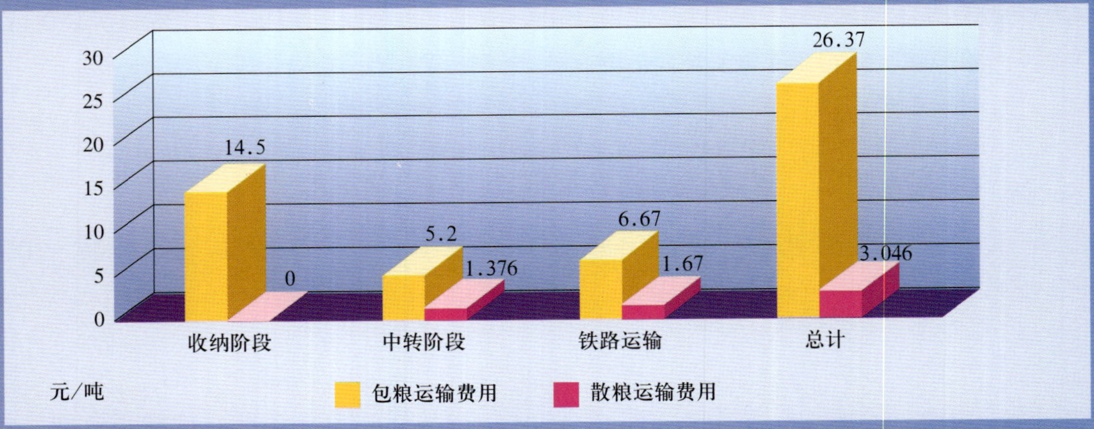

松原粮库包粮与散粮物流三阶段费用比较图

（二）铁海联运成本比较

铁海联运是今后东北地区粮食南运的主要物流方式。据对哈尔滨的粮食经铁路运至大连北良港，装入海轮运至深圳蛇口港的流通全程进行测算，散装铁海联运费用比包装铁海联运费用每吨节约53.71元。据此测算，如果东北地区每年外运原粮（以2003~2004年平均数4100万吨测算）中70%采用铁海联运的散装方式，每年节约物流费用约14.55亿元。

包粮与散粮铁海联运物流费用对比表

单位：元/吨粮

费用明细	包粮	散粮
后方仓库作业费	117.38	61.52
铁路运费	54.67	61.15
北良港中转费	23.00	26.67
海运运费	130.00	125.00
蛇口港装卸费	24.00	21.00
总计	349.05	295.34

（三）公路运输成本比较

据吉林省粮食局典型调查，粮食从收纳库到中转库采用散粮汽车运输，与袋装汽车运输相比，每吨粮食可节省费用18元（包装物费用10元，人工费用8元）。另外，通过山东省莱州市粮食物流中心、河南省粮食物流交易市场2004~2005年的汽车运输运营成本的比较分析，短途集并和向加工厂供应原粮采用散粮汽车运输方式，平均每吨可节省成本23元左右。

第三部分

粮食供求形势

一、2005年粮食供求形势与2006年展望

（一）2005年粮食供求形势

2005年，国家稳定、完善、强化各项支农政策，进一步加大对粮食生产的扶持力度，有效地调动和保护了农民种粮积极性，粮食生产继续呈现良好发展局面。据国家统计局统计，2005年粮食产量48402万吨，比上年增加1455万吨。据各地粮食部门抽样调查测算，2005年粮食消费量为49775万吨，比上年增加685万吨，当年粮食产需缺口1373万吨。由于当年粮食消费增量小于生产增量，当年粮食产消缺口进一步缩小。

（二）2006年粮食供求形势展望

2006年，国家继续采取有效措施，进一步加大对农业的扶持力度，粮食生产将在前两年增产的基础上继续稳定发展，预计粮食播种面积比上年略有增加，如果不出现大的自然灾害，粮食产量将比上年有所增加。粮食消费量继续保持平稳增长的态势，预计口粮消费稳中趋降，种子用粮基本稳定，饲料用粮和工业用粮将有所增长。粮食产需缺口将进一步缩小，小麦、稻谷有望实现产需基本平衡，大豆产需缺口主要靠进口弥补。

二、主要粮食品种供求形势分析

（一）2005年稻谷供求形势

1.稻谷供给和需求状况

2005年，我国稻谷产量小幅增长，国内需求平稳略降，供需关系进一步改善。其中：粳稻市场供需偏紧，市场价格始终处于较高水平；籼稻市场供给充裕，价格低迷。

（1）稻谷新增供给略有增加。2005年我国稻谷产量18059万吨，比上年增加150万吨。2005/06年度（稻谷的市场年度为10月/9月，下同）进口为80万吨，增加4万吨，年度内稻谷新增供给量18133万吨，增长149万吨，增幅为0.8%。

（2）稻谷国内需求持平略减。2005/06年度稻谷国内消费量为18250万吨，比上年减少25万吨。其中：食用消费量15000万吨，减少100万吨，减幅0.7%；饲用消费量1425万吨，增长25万吨，增幅1.8%。稻谷出口120万吨，增长19万吨，增幅18.8%（见图3-1）。

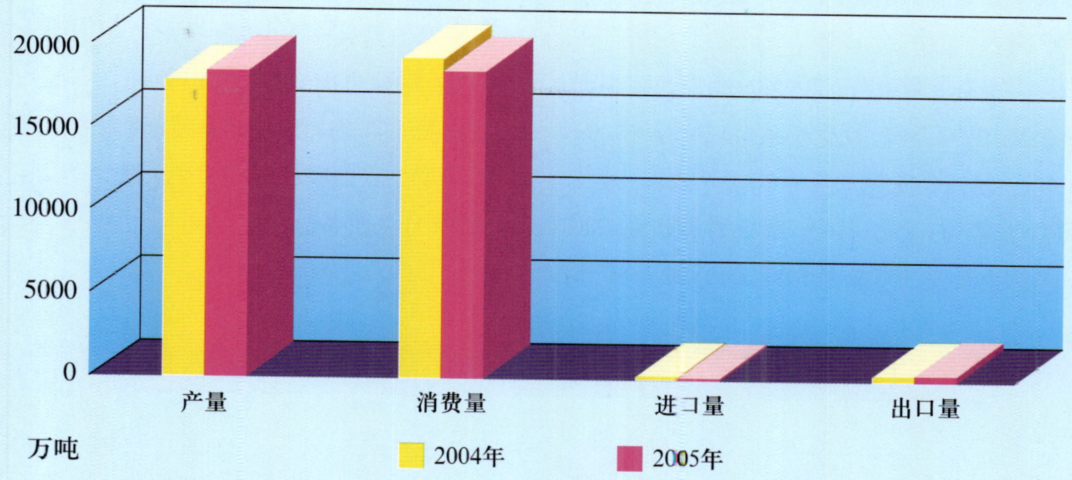

图 3-1　2004 年、2005 年稻谷供求状况

2.稻谷市场价格走势及成因

2005 年，国内粳稻、籼稻价格走势出现分化。粳稻价格经历了三个上涨阶段：2 月下旬至 3 月中旬，春节后农民工、高校学生返城，大米集中消费，大中型城市大米消费需求增长，粳稻价格出现较大幅度上涨，涨幅为 0.10 元/公斤左右；5 月下旬至 9 月初，由于新粳稻上市前青黄不接，库存严重消耗，粳稻价格大幅上涨，其中江苏、安徽涨幅超过 0.16 元/公斤；11 月上旬至 12 月中下旬，受加工企业抢购优质粮源和购销企业加大收购力度的拉动，粳稻价格再次攀高。籼稻价格则经历了两个上涨阶段：1 月初至 3 月初，同样受春节后农民工、高校学生返城的影响，中晚籼稻谷价格出现较大幅度上扬，但由于早籼米基本不作口粮，受此影响并不显著；国家启动早、中晚籼稻最低收购价执行预案之后，托市作用明显，籼稻价格小幅回升。

影响国内稻谷（大米）价格走势的原因：一是启动最低收购价执行预案的托市作用，使南方各省早籼稻收购价格基本稳定在 1.40 元/公斤，中晚籼稻收购价格稳定在 1.44 元/公斤；二是由于供给偏紧，粳稻价格保持坚挺。9 月初粳稻上市前，价格达到最高值，新稻上市后供给量迅速增加，粳稻价格开始下跌，但由于粳稻产区普遍受灾，品质降低，市场普遍预期粳稻将较大幅度减产，因此出现抢购热潮，粳稻价格迅速触底反弹，再次达到高位之后逐渐步入整理期。

（二）2005 年小麦供求形势

1.小麦新增供给和国内需求状况

2005 年，我国小麦产量继续增加，国内需求水平略降，但当年产需仍存在缺口，需要通过库存进行调节。总体来看，国内库存较为充裕，供需状况基本稳定。

（1）小麦产量增长，进口大幅下降，新增供给减少。2005 年我国小麦总产量 9745 万吨，比上年增长 550 万吨，增幅 6.0%。2005/06 贸易年度（小麦的贸易年度为6月/5月，下同）小麦进口量为 140 万吨，减少 681 万吨，减幅 82.9%。因此，2005/06

年度我国小麦新增供给量为9885万吨，同比减少122万吨。

(2) 小麦需求量下降。2005/06年度我国小麦总需求量为10097万吨，比上年减少144.9万吨，减幅为1.4%。国内小麦需求量为10085万吨，减少125万吨，减幅为1.2%。其中：制粉消费量为8800万吨，占国内小麦消费总量的87.3%，减少50万吨，减幅为0.6%；工业消费量为180万吨，占国内小麦消费总量的1.8%，减少20万吨，减幅为10%；饲料用消费量为380万吨，占国内小麦消费总量的3.8%，减少30万吨，减幅为7.3%。2005/06年度小麦出口量为12万吨，减少20万吨，减幅62.4%（见图3-2）。

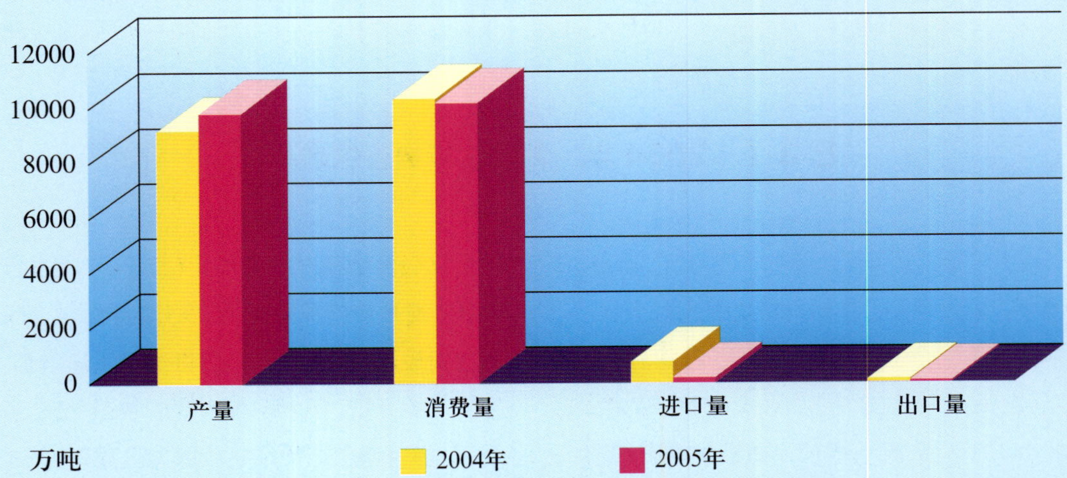

图3-2　2004年、2005年小麦供求状况

2.小麦市场价格走势及成因

2005年，国内小麦价格呈先跌后平的态势，具体可划分为三个阶段。

(1) 1～4月份，小麦价格持续下跌，跌幅超过120元/吨。2005年元旦过后，由于冬小麦长势良好，对小麦价格构成了打压。同时，购销企业普遍担心2005年上半年储备小麦轮出将对价格形成强有力的打压，因此，纷纷提前抛售小麦，从而形成了小麦价格的下跌行情。

(2) 5～6月份，小麦价格稳中趋降。4月25日，国家粮食局发出了《关于做好小麦购销工作　稳定市场价格的紧急通知》，要求主产区的中央和地方储备粮企业停止小麦集中出库，遏制了小麦价格下跌。5月份，小麦价格基本稳定。由于2005年小麦产量继续增加，在6月份新麦上市后，购销和加工企业对后市均不看涨，入市收购积极性不高，小麦价格再次出现下跌态势。

(3) 7～12月份，国内小麦价格在小幅上涨后基本稳定。6月下旬，国家要求中央储备粮企业结合轮换入市收购650万吨小麦，收购价格为普通白麦1.44元/公斤，普通红麦1.38元/公斤。托市收购主要在河北、山东、河南、江苏、安徽、湖北6省，尤其是对河南省的小麦价格产生了积极的拉动。进入11月，随着收购任务的基本完成，部分地区小麦价格略有下跌，但在此后基本保持稳定。

（三）2005年玉米供求形势

1.玉米供给和需求状况

（1）玉米产量大幅增长，供给增加。2005年我国玉米产量达13940万吨，创历史最高纪录，比上年增产5%以上。

（2）玉米需求增加。2005年国内玉米总需求量12640万吨，比上年增加630万吨，增幅5.3%。其中：饲用玉米消费量8900万吨，占国内玉米消费总量的70.0%，比上年增加250万吨，增幅2.2%；玉米工业消费量为2000万吨，占国内玉米消费总量的15.8%，比上年增加350万吨，增幅8%。在玉米工业消费中，淀粉类消费量1250万吨，比上年增加225万吨；酒精类消费量750万吨，比上年增加125万吨。2005年我国共出口玉米864万吨，同比增长2.7倍（见图3-3）。

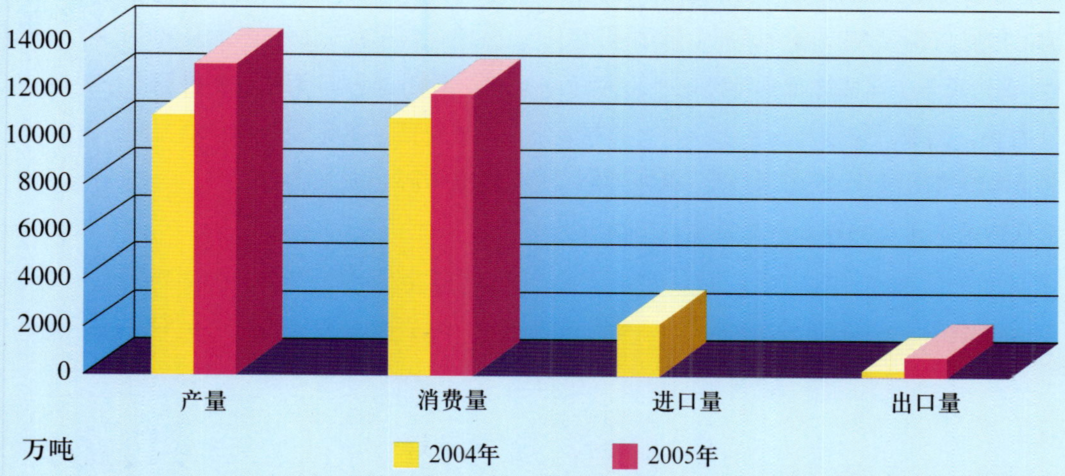

图3-3　2004年、2005年玉米供求状况

2.玉米市场价格走势及成因

2005年国内玉米价格行情波动频繁，总体上涨幅度有限。

（1）1～2月份，由于东北地区新玉米上市集中，粮食部门陈粮销售力度加大，市场需求不振，价格在低位徘徊。2月底，大连玉米平仓价格在1150元/吨，比2004年12月底回落20元/吨；深圳港口价格在1260元/吨，比2004年12月底回落40元/吨。

（2）3～5月份，国内玉米价格震荡回升。东北地区玉米出口全面启动后，价格开始逐步回升，但由于玉米供应充足、饲料需求疲软，5月份玉米价格上涨幅度不大。5月底，大连平仓价格1190元/吨，深圳港口价格1300元/吨，都比2月底上涨40元/吨。

（3）6～9月份，由于玉米出口迅速增加，国内需求逐渐转旺，而关内玉米存量有限并增加采购东北玉米，6月份以后价格开始稳步上涨。9月份，国内运力紧张，玉米供应偏紧，价格上涨开始加快。加上市场看涨心态的影响，价格进一步上涨。9月底，大连玉米价格1260元/吨，比5月底上涨70元/吨；深圳港口价格1400元/吨，比5月底上涨100元/吨。

（4）2005年秋粮上市以后，东北地区玉米开秤价格比上年提高40元/吨，由于深加工采购需求较为旺盛，农户玉米上市高峰比常年提前了1个月左右。11月份，国家继续增加玉米出口，有力拉动了东北玉米价格的回升。加之出口商、深加工企业以及粮食购销企业之间展开激烈竞争，推动玉米价格连续上涨，吉林省高水分玉米收购价格由1000元/吨上涨到1120元/吨。12月底，受供应增加和禽流感暴发的影响，销区玉米价格回落，主产区玉米市场价格也呈现稳步回落态势。深圳港口平仓价格在1340元/吨，比9月底回落60元/吨。

（四）2005年大豆供求形势

1.大豆供给和需求状况

2005年，我国大豆供给量为4450万吨，比上年增加129万吨。其中，国产大豆产量达到1635万吨，减少105万吨；进口大豆达到2659万吨，增加636万吨。

2005年我国大豆榨油消费量为3280万吨，比上年增加130万吨，增幅4.1%，其中国产大豆榨油消费量为630万吨，进口大豆榨油消费量为2650万吨。食用及工业消费量为900万吨，增加60万吨。种用量为93万吨。如果加上损耗量，2005年我国大豆总消费量达到4303万吨，增加193万吨，增幅4.7%（见图3-4）。

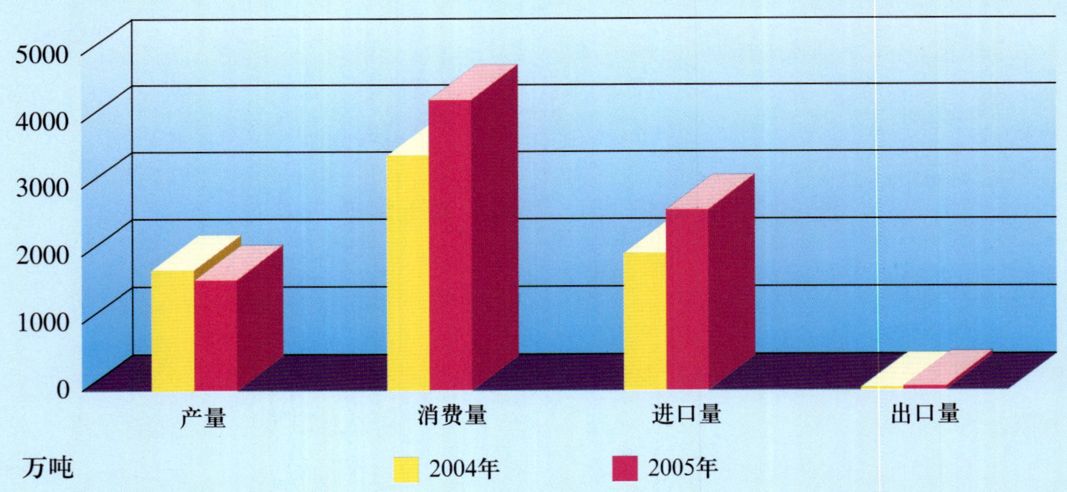

图3-4　2004年、2005年大豆供求状况

2.大豆市场价格走势及成因

2005年，国内大豆价格的变化与芝加哥大豆市场期价变化呈现高度的相关性，这主要源于国内外大豆市场密切程度的不断加强。全年大豆价格走势分为两个阶段：上半年保持稳中上升趋势；下半年出现连续回落。

(1)上半年国际市场大豆价格呈现明显的“天气市”特征，全球一些大豆主产区天气不利影响了产量预期，导致国际大豆价格不断攀升，带动国内现货价格上涨。2月份，南美旱情持续恶化，大豆锈病在北美地区扩散，导致国际各大农业预测机构连续下调南美地区以及全球大豆产量，大豆期货价格迅速上升。2月份、3月份价格环比分别上涨了2.7%和13.5%，4月份略有回落，5月份、6月份分别上升了1.4%、9.2%，国际市场大豆对华报价重新回到了300美元/吨以上。

(2)进入7月份以后，由于美国和南美大豆预计产量不断提高，加上世界一些地区相继暴发了禽流感疫情，使全球家禽养殖业受到较大影响，豆粕等饲料原料市场低迷，影响了大豆的需求。另外，5月份之后，国际海运费率持续走低，降低了运输成本，在一定程度上抑制了大豆价格上升。12月份，国际市场大豆对华报价下跌至270美元/吨，较6月份价位下跌30美元/吨，下跌幅度为10%。

三、杂粮供求形势分析

2005年杂粮的供给量与上年基本持平，需求量比上年有所增加，市场略显供不应求的态势。

(一)杂粮供给量达5273万吨，与上年基本持平

1.杂粮生产面积略增，产量略减

2005年我国杂粮播种面积1666.7万公顷，比上年增加12.3万公顷。杂粮产量5027.6万吨，比上年减产46.8万吨，是20世纪90年代以来最低水平。杂粮减产的主要原因,是占杂粮产量70%的薯类比上年减产89.1万吨，但由于不少薯类主产区都改进了种植技术和更新种子，薯类品种质量有较大提高。

2.杂粮进口增加

杂粮进口245.4万吨，比上年增加74.9万吨，增幅43.9%。进口品种由啤酒大麦1个增加到5个。其中，进口啤酒大麦217.9万吨，比上年的170.5万吨，增加27.8%，与历史最高的2001年基本持平。此外，第一次净进口豌豆23.8万吨、燕麦1.4万吨，第一次进口绿豆1万多吨（见图3-5）。

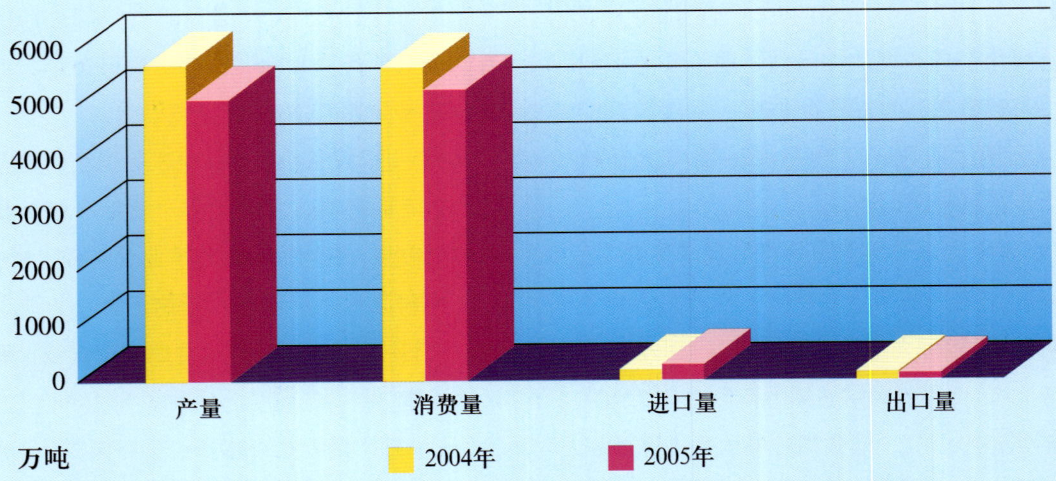

图 3-5　2004 年、2005 年杂粮供求状况

（二）杂粮需求量比上年有所增加

2005年，杂粮的国内外市场需求量增长很快，但受供给量的限制，实际需求量为5302.2万吨，比上年增长1%。

1.杂粮国内消费量

2005年，杂粮国内消费量5201.4万吨，比上年增加66.6万吨，增幅1.3%。消费量增长较快的品种主要有：红小豆的消费量为31.1万吨，比上年增加40%，接近历史最高水平；大麦消费量达589.5万吨，比上年增加38.6%。

2.杂粮出口

2005年，向118个国家和地区出口杂粮，比上年又增加10个。全年出口杂粮100.8万吨，比上年减少8.5%。但因大部分杂粮的国际市场价格上升，全年出口杂粮创汇4.2亿美元，创近年来的最高额，比上年增加4292万美元。芸豆创汇最多，达2.3亿美元，占杂粮创汇额的54.8%，比上年增加4601万美元。

（三）杂粮的市场价格走势及成因

受国内外市场需求拉动，杂粮价格节节攀升。从国际市场看，2005年杂粮平均价格每吨上涨90美元。其中：高粱每公斤0.23美元,上升38.6%；荞麦每公斤0.27美元,上升33.2%；扁豆每公斤0.32美元,上升31.6%。从国内市场看，杂粮价格稳中有升。杂粮批发价格上升较多的品种主要有绿豆、红小豆、高粱等。绿豆的批发价上升到每吨6400元，比上年增长6.67%。红小豆上涨到7000元/吨左右，上涨14%。

四、食用油脂油料供求形势分析

（一）油料总产量稳步增长

2005年，油料总产量（不包括大豆和棉籽）3078万吨，比上年增长0.4%。其中：花生产量1434万吨，与上年持平；油菜籽产量1305万吨，下降1.0%。如加上大豆和棉籽，国内油料总产量接近5900万吨，扣除籽食、食品和出口，当年油料折油总产量为1080万吨左右。

（二）植物油折油进口总量再创历史新纪录

2005年，我国进口油脂油料总折油1157万吨，创历史新纪录。扣除出口油脂油料折油43万吨，净进口油脂1113万吨，比上年增加3.5 %。其中：直接进口豆油169万吨，减少33%；进口大豆2659万吨，折油479万吨，增加115万吨，增幅31.6%；进口棕榈油433万吨，增加47万吨，增幅12.2%；进口菜籽油18万吨，减少48.6%；进口油菜籽30万吨，减少36.2%。

（三）油脂油料市场供应充足

2005年，我国食用油供给总量2200万吨左右，消费总量为1914万吨。呈供略大于求的格局，年末结转库存水平依然较高。

（四）食用油市场价格呈震荡下行态势

由于国内油料生产稳步增长、油脂油料进口数量猛增，并受国际市场油脂油料价格的影响，2005年我国食用油价格全年基本呈窄幅震荡、整体下行的态势。2005年12月底全国四级豆油平均价格约为每吨5200元，同比下降839元。受食用油现货供应充裕的影响，2005年下半年进口豆油价格逐步下行，使得国内相当多的油脂油料生产经营企业出现了经营亏损。粕类产品的供求关系和价格变化趋势与油脂油料的情况基本相同。

专栏3

联合国粮农组织(FAO)对 2006年世界粮食供求形势预测

FAO预计，2006年全球粮食产量为20.15亿吨，较上年减少1900万吨。其中：小麦产量6.2亿吨，比2005年下降600万吨；粗粮产量约9.73亿吨，较上年下降1600万吨；稻米产量约4.23亿吨（折合大米），较上年增加300万吨。同期粮食消费总量20.38亿吨，略高于当年粮食总产量。其中：饲料粮消费量7.46亿吨，较上年下降0.8%，约700万吨；食用粮食消费总量9.82亿吨，较上年增长1.8%，约1700万吨；工业用粮数量也呈增长趋势。预计2006年世界粮食库存量为4.62亿吨，较上年下降700万吨，减少1.6%。其中：粗粮库存为1.89亿吨，比上年减少近500万吨；小麦库存为1.74亿吨，比上年减少300万吨；稻米库存量变化不大，为9900万吨。

世界粮食产量情况

单位：百万吨，%

	2005年（估计数）	2006年（预测数）	较上年增长
亚洲	883.1	890.9	0.9
远东地区	773.0	782.0	1.2
近东地区	72.0	72.4	0.6
亚洲独联体	28.6	27.6	-3.7
非洲	127.9	124.9	-2.3
北非	29.1	33.7	15.8
西非	43.2	42.6	-1.3
中非	3.4	3.3	-2.5
东非	29.2	26.2	-10.3
南非	23.0	19.1	-17.0
中美洲及加勒比海	34.9	37.2	6.6
南美洲	109.2	110.5	1.2
北美洲	416.5	396.5	-4.8
欧洲	422.0	415.5	-1.5
欧盟25国	259.2	269.0	3.8
欧洲独联体	121.5	106.5	-12.3
大洋洲	40.7	39.7	-2.4
世界	2034.2	2015.3	-0.9
发展中国家	1102.8	1118.5	1.4
发达国家	931.5	896.8	-3.7
小麦	626.0	619.6	-1.0
粗粮	988.4	972.6	-1.6
稻米（大米计）	419.8	423.1	0.8

第四部分

粮食质量与标准

一、主要粮食品种收获质量与品质状况

（一）稻谷质量和品质

1.早籼稻

2005年，全国早籼稻整体质量较好，抽样调查和会检结果表明，中等（三等）以上质量达到96.3%，二等以上质量占72.8%，整精米率在50%以上所占比例为76.9%，其中湖南、湖北、安徽三省整精米率在44%以上所占比例约为90.0%。受气候影响，早籼稻未熟粒普遍偏高，浙江、重庆两省（市）早籼稻整体质量较低。

2.中晚籼稻

收获质量。2005年，全国中晚籼稻整体质量良好。据调查，中等（三等）以上质量达到91.9%，二等以上质量为50.8%，整精米率在50%以上所占比例为64.4%，平均不完善粒为5.5%，其中未熟粒约占70%。湖北省整精米率平均达到52.5%，比上年提高1.2个百分点；安徽省整精米率明显降低。

品种品质。中晚籼稻全项目符合国家标准优质稻谷（三等以上）的比例较低，分地区看，浙江为5.7%、福建10.1%、江西17.7%、湖北2.0%、广东36.4%、重庆0.7%和四川8.0%。广东、江西二省分别有15.4%和8.1%达到二等优质稻谷标准。

3.粳稻

收获质量。2005年，粳稻整体质量良好。据调查，中等（三等）以上质量为83.7%，整精米率高于60%的为73.7%，但未熟粒比例普遍偏高。宁夏整精米率比上年提高了约10个百分点，出糙率也有所提高。吉林省出糙率、整精米率均有所提高，平均质量等级提高了一级。辽宁、黑龙江两省出糙率、整精米率均分别下降了2～3个百分点。

品种品质。辽宁、吉林两省全项目符合国家标准优质稻谷（三等以上）的比例较高，分别达到53.2%和65.0%，且推广品种的品质一致性较好；江苏、浙江两省较低，分别仅为1.3%和9.2%，多数主要指标达标率均较低。吉林省推广种植的超级稻1号、秋田小町、吉粳83号、吉粳81号、长粒香9812等品种的食味评分值均在90分以上，较2004年提高一级。

（二）小麦质量和品质

收获质量。2005年，全国小麦整体质量基本正常。调查显示，中等（三等）以上质量为88.5%。但不完善粒普遍偏高，除江苏、河北两省外，其他省份均在6.0%以上。江苏、山东、河北等省小麦总体质量比上年有所提高，河南基本持平，陕西省则有所下降。从容重看，河北、安徽两省比上年提高30克/升左右，江苏提高8克/升左右，河南、山东、陕西三省基本持平。在中等（三等）以上比例方面，河北、山东和陕西三省比上年分别提高了36.4、15.5和8.2个百分点。在不完善粒方面，江苏省比上年下降了1.4个百分点，山东省基本持平，河北、河南、陕西三省均增加了约1个百分点。

品种品质。不同地区的小麦品质差异仍然较明显。河南省白硬麦中，豫麦34和高优503各项目均达到优质强筋二等小麦国家标准，郑麦9023除湿面筋含量稍低外，其他项目也达到优质强筋二等小麦国家标准。江苏省白硬冬麦中，豫麦34

稳定时间和湿面筋含量达到优质强筋二等小麦国家标准，但粗蛋白质含量稍低；红软冬麦中，宁麦9号粗蛋白质达到优质弱筋小麦国家标准，但湿面筋含量和稳定时间稍微偏高。陕西省白硬冬麦中，陕麦253、小偃503、小偃22-3和郑麦9023等稳定时间均达到优质强筋一等小麦国家标准，粗蛋白质含量和湿面筋含量也基本达到优质强筋二等小麦国家标准。安徽省白硬冬麦中，豫麦34和郑麦9023等稳定时间分别达到16.7分钟和13.0分钟，明显高于优质强筋一等小麦国家标准，但粗蛋白质含量和湿面筋含量较低。

（三）玉米质量和品质

收获质量。2005年，全国玉米整体质量良好。调查显示，中等（二等）以上质量达到88.7%，但河南、重庆两省（市）不完善粒较高，分别达到8.2%和7.4%。与2004年相比，吉林、黑龙江两省总体质量继续呈上升趋势，辽宁省基本持平。容重方面，黑龙江省提高了16克/升，吉林省稍有提高，辽宁省略有下降。中等以上等级比例方面，黑龙江、吉林两省分别提高18.7和5.8个百分点，辽宁省基本持平。水分和不完善粒方面，辽宁、吉林和黑龙江三省基本持平。

品种品质。吉林省主要推广的优质品种玉米的容重达到726克/升，高出普通玉米18克/升。高油玉米品种的粗脂肪含量和高淀粉玉米品种的淀粉含量分别在8.0%和71.0%以上，比2004年略有下降。辽宁省主要推广的高淀粉玉米品种淀粉含量继续提高，达到73.5%。黑龙江省齐齐哈尔市高淀粉玉米品种淀粉含量达到71.2%，重庆市淀粉含量高于69.0%的比例为7.9%。

（四）大豆质量和品质

收获质量。2005年，大豆总体质量低于2004年。由于虫蚀粒和霉变粒所占比例较高，吉林、黑龙江两省大豆纯粮率分别降低0.9和2个百分点；中等（三等）以上质量等级比2004年分别降低了2.6和10.3个百分点；不完善粒均增加了2个百分点左右；千粒重分别下降了21克和9克。

品种品质。吉林省推广的高油大豆粗脂肪含量较2004年有所下降，仅吉育58号平均值在22.0%；高蛋白大豆的蛋白质含量平均提高了3个百分点，吉林26号、长农15号、吉育69号和通农13号等品种的含量均在42.4%以上，各品种的品质一致性较好。黑龙江省推广品种的粗脂肪和蛋白质含量较低。

二、粮油标准体系建设

（一）标准制修订工作

2005年，国家标准化管理委员会颁布和实施了《小麦粉面团流变特性测定 吹泡仪法》、《动植物油脂 酸值和酸度测定》、《动植物油脂 过氧化值测定》和《电容法和电阻法粮食水分测定仪通用技术条件》等4项粮油国家标准。国家粮食局颁布和实施了《粮食仓库安全操作规程》、《粮食仓库机电设备安装技术规程》和《可溶性大豆多糖》等3项行业标准。废止了《高级烹调油通用技术条件》等7项国家标准，并将《糙米》等6项国家标准转化为行业标准。国家发展改革委、国家粮食局和国家标准化管理委员会三部门联合下发了《关于适当调整2005年早籼稻收购整精米率控制指标的通知》，对当年最低收购价执行预案的整精米率控制指标进行了调整。

（二）标准化工作体系建设

2005年，全国粮油标准化技术委员会对有关的管理办法进行了完善，正式成立了“粮食及制品”、“油料及油脂”和“粮油储藏及物流”、“粮油机械及仪器设备”四个技术工作组。今后我国粮油标准制修订的工作将按照新的工作体系和机制进行。

（三）国际标准化工作

2005年，我国参加了对国际标准化组织ISO和国际法典委员会的42项国际标准的审议工作，以及《谷物与豆类—谷物脂肪含量测定方法》、《谷物与豆类—谷物扦样》、《谷物与豆类—大米中直链淀粉测定方法》三项国际标准方法的验证。在参加国际标准化组织食品技术委员会谷物与豆类分委员会（ISO/TC34/SC4）的第31届会议上，我国争取到“ISO/TC34/SC4 2007年第32次会议”在北京的主办权。

（四）标准基础研究

开展粉碎小麦粒度大小及分布的基础研究，开发具有自主知识产权的小麦硬度仪，并为制定“小麦硬度仪及抗粉碎硬度指数”标准和修改《小麦》国家标准提供依据。完成了“十五”国家重大科技专项课题“主要食品安全标准的基础研究及技术措施”中“粮油食品安全标准体系研究与体系表建立”子课题的研究，通过研究分析国际上各标准化组织粮油食品安全的有关标准，以及我国粮油食品安全体系的现状，提出了我国粮油食品安全标准体系框架。该课题已通过了科技部的验收。

三、粮食质量监管体系建设

（一）粮食质量监管制度建设

2005年，各地粮食行政管理部门积极推进粮食质量监管制度建设，在粮食企业执行粮食出入库质量检验制度、检验能力、粮食质量定期抽查监测等方面提出了具体要求。其中，安徽、江西、湖北、四川、陕西、青海等省印发了省级粮食质量监管实施细则，北京市制定了粮食质量和原粮卫生抽查与监测暂行规定，贵州省发布了粮食经营企业的质量检验能力认定程序等配套文件。河北、内蒙古、黑龙江、上海、福建、山东、河南、湖南、广西、重庆、西藏、甘肃、宁夏、新疆等14个省（区、市）也完成了粮食质量监管实施细则的起草工作。

（二）粮食质量检验检测体系建设

2005年，各地粮食行政管理部门通过争取配套资金、改善设施条件、理顺机构关系、组织计量认证等措施，使全国粮食质量检验检测体系逐步完善，检验能力得到不断提高。截至2005年年底，粮食部门具有相关资质（通过计量认证并在有效期内)，可以开展检验工作的省、市、县三级粮食质量检验机构共有374个，比上年新增50个。其中，省级机构32个，市级机构131个，县级机构211个。17个省（区、市）共培训粮食质量检验人员16776名。为进一步提高全国小麦、稻谷品质测报数据的科学性和一致性，2005年，国家粮食局组织开展了由12个小麦产区和17个稻谷产区的29家省级粮食质量检验机构参加的稻谷、小麦品质测报部分检测指标的比对检验工作，内蒙古、辽宁、吉林、江苏、浙江、安徽、福建、湖北、四川、宁夏等10个省（区、市）也积极组织开展了辖区内粮食质量检验机构的比对考核。

（三）粮食质量与原粮卫生监管

2005年，国家发展改革委、国家粮食局等6部门联合组织人员对天津、山西、内蒙古、黑龙江、江苏、安徽、福建、江西、河南、湖北、湖南、广东、四川、陕西和新疆等15个省（区、市）的153个国有粮食购销企业库存粮食质量和原粮卫生进行了抽查，共扦取和检验样品1543份。通过检验进一步掌握了中央储备粮、地方储备粮质量和原粮卫生情况。同时，绝大部分省份定期组织开展了地方储备粮和政策性供应粮食质量状况的监督抽查。各级粮食质量检验机构积极配合质检、工商、食品药品监管等部门，开展了一系列的抽查监测活动。2005年共检测样品23.4万份。

专栏4　国家标准和国际标准的制修订程序

（一）国家标准制修订程序

我国国家标准由国务院标准化行政主管部门统一管理，国务院有关行政主管部门归口管理本部门、本行业的标准化工作，并依托各技术委员会负责标准制的修订。《国家标准制定程序的阶段划分及代码》明确了我国标准制定程序分为9个阶段。

(1) 预阶段。各单位或个人对需要立项的新项目进行必要的论证，并提出新工作项目建议，包括标准草案或标准大纲，交由归口的主管部门或标准化技术委员会审查，并报国务院标准化行政主管部门。

(2) 立项阶段。国务院标准化行政主管部门对各部门上报的草案进行审查、汇总、协调，确定的新项目列出《国家标准制修订项目计划》并下达。

(3) 起草阶段。主管部门或标准化专业技术委员会落实新工作项目计划，确定标准项目负责起草单位和参加起草单位。标准项目负责起草单位组织起草标准草案征求意见稿。

(4) 征求意见阶段。标准项目负责起草单位将标准草案征求意见稿发往有关单位征求意见，提出征求意见汇总处理表，完成标准草案送审稿。

(5) 审查阶段。标准的归口主管部门或标准化技术委员会，对标准草案送审稿组织审查，形成标准草案报批稿和审查会议纪要或函审结论。若标准草案送审稿没有被通过，将退回标准项目负责起草单位，待修改后再次进行审查。

(6) 批准阶段。标准化行政主管部门对标准草案报批稿及报批材料进行程序、技术审核。对不符合报批要求的或报批稿中存在重大技术方面或协调方面的问题，退回所上报的部门或有关专业标准化技术委员会，限时解决问题后再报批。由国务院标准化主管部门批准、发布国家标准。

(7) 出版阶段。国务院标准化行政主管部门将国家标准出版稿编辑出版，提供标准出版物。

(8) 复审阶段。对实施周期达 5 年的标准，国家标准的主管部门组织进行复审，以确定是否确认(继续有效)、修改(通过技术勘误表或修改单)、修订(提交一个新工作项目建议，列入工作计划)或废止。

(9) 废止阶段。对于经复审后确定为无存在必要的标准予以废止。

（二）ISO 国际标准制修订程序

国际标准化组织（ISO）制定国际标准的工作步骤和顺序，一般分为 6 个阶段：

(1) 建议阶段（PROPOSAL STAGE）。有关方面向相关技术委员会（TC）或分技术委员会（SC）提出新的工作项目建议（NP），由相关 TC 或 SC 组织其参加国成员投票，并向观察员成员通报。

(2) 准备阶段（PREPARATORY STAGE）。按照 ISO/IEC 导则第 2 部分的要求准备工作组草案（WD）。

(3) 委员会阶段（COMMITTEE STAGE）。由 TC 或 SC 组织在其国家成员中对委员会草案（CD）进行投票，并由秘书处对意见进行汇总处理。

(4) 征求意见阶段（ENQUIRY STAGE）。项目负责人完成国际标准草案（DIS）后提交给秘书处，由秘书处形成符合 ISO 要求的格式，并和相关材料一起上传至 ISO 网站。ISO 中央秘书处再对 DIS 进行编辑，由 ISO 全体成员进行投票和发表意见。投票时间为 5 个月。

(5) 批准阶段（APPROVAL STAGE）。中央秘书处将收到的意见转给相关 TC 或 SC，修改完成最终标准草案（FDIS）后进行第二次投票。时间为 2 个月。

(6) 出版阶段（PUBLICATION STAGE）。中央秘书处进行必要的修改后，正式出版发行为国际标准（IS）。

第五部分

粮食流通体制改革

一、粮食流通体制改革概况

（一）粮食购销市场化、市场主体多元化的格局初步形成

2005年，粮食购销市场化改革继续推进，除粮价过低时国家对短缺的重点粮食品种在主产区实行最低收购价格，指定企业进行托市收购以外，其他地区、其他品种的粮食价格由市场形成。同时，各地积极培育和规范各类粮食市场主体，搞活粮食流通。截至2005年年底，多种所有制的粮食市场主体超过10万个，国有粮食购销企业从1998年的30434个减少到17714个，初步形成了粮食购销市场化、市场主体多元化的粮食流通格局。

（二）对种粮农民直接补贴的力度进一步加大，较好地保护了种粮农民利益

2005年，国家稳定、完善和强化各项惠农政策，进一步加大对种粮农民利益和积极性的保护力度。在全国28个省份免征农业税和对主产区稻谷施行最低收购价的同时，共有30个省（区、市）实施对种粮农民直接补贴，共安排资金132亿元（其中主产省、区安排116亿元），比上年增加16亿元，增幅13.8%。中央财政安排水稻、小麦、玉米、大豆4大农作物良种补贴资金约38.7亿元，比上年增加10.2亿多元。安排农机具购置补贴3亿元，比上年增加2.3亿元。中央财政还安排对产粮大县进行奖励55亿元，对产粮大县和财政困难大县转移支付150亿元。这些惠农政策的落实，调动了基层政府抓粮食生产和农民种粮的积极性。

（三）国有粮食企业改革进一步深化，继续发挥主渠道作用

一是国有粮食企业“三老”历史包袱初步得到解决。二是国有粮食企业产权制度改革取得新进展。一些地区主要采取以县为单位，通过兼并重组、拍卖出售、股份制改造、整体转制等多种形式，对国有粮食企业进行重组和整合，出现安徽省南陵县国有控股、江苏省扬州市租赁经营、浙江省民营股份等改革模式，企业布局和结构得到合理调整，竞争力明显增强。三是国有粮食企业继续发挥主渠道作用。2005年，国有粮食企业按最低收购价收购早籼稻475万吨，收购中晚籼稻750万吨，合计占各类企业收购籼稻总量的54%。国有粮食企业全年收购粮食11494万吨（贸易粮），占全社会粮食收购总量60%以上。

（四）粮食宏观调控能力增强，粮食市场和价格基本稳定

一是落实最低收购价政策，逐步完善最低收购价执行预案，使粮食市场价格在合理水平上保持基本稳定。二是加强中央储备粮的行政管理，并结合轮换适当调整了区域布局和品种结构。三是进一步充实了地方粮食储备，北京、天津、福建、青海等省（市）还增加了成品粮的应急储备，提高了省级人民政府调控粮食市场的能力。四是灵活运用进出口手段调剂了国内粮食品种和余缺，促进供给有余的玉米等品种的出口，控制产不足需

的小麦、稻谷等粮食品种的出口，适当增加进口。五是初步建立了粮食应急预警机制。

（五）加强粮食市场监管，维护粮食市场秩序

各地制定并出台了粮食收购资格管理办法、粮食流通监督检查办法、粮食质量监管办法等一系列配套文件，使《粮食流通管理条例》的实施更具有可操作性。依法建立收购市场准入制度，认真开展粮食收购资格审核工作。全国有23个省级粮食行政管理部门设立或明确了监督检查工作机构，粮食流通监督检查工作机制初步建立。各级粮食行政管理部门积极开展对全社会粮食流通的监督检查，对影响较大的涉粮案件依法进行了查处。

（六）加强粮食市场体系建设，粮食产销衔接和产业化经营取得新进展

各地特别是主销区加大了粮食批发市场建设的力度，批发市场在促进粮食顺畅流通、服务产销衔接和储备粮竞价交易等方面的作用日益突出。粮食期货市场和期货交易在规范中有了新的扩展，在发现和引导粮食现货市场价格、套期保值等方面发挥了重要作用。粮食电子商务、连锁经营、物流配送等新型交易方式和流通形式得到发展。积极推进产销衔接，不断探索新的方式，初步形成了产销合作的新格局。积极鼓励和引导粮食企业通过"订单农业"、"公司加基地"、"基地连农户"等形式，为农民提供种子、农资、技术等服务，发展粮食精深加工，增加农产品附加值，提高粮食经济效益。截至2005年年底，全国国有粮食企业中产业化龙头企业达1442个，其中购销企业为712个。

二、国有粮食企业改革进展情况

（一）企业的"三老"问题正逐步解决，减轻了企业历史包袱

在解决"老粮"方面，截至2005年年底，全国粮食商品周转库存中原保护价（含定购价）粮食大部分已经销售，还有一部分主要集中在黑龙江、吉林、河南三个粮食主产省，将继续按计划销售。

在解决"老账"方面，截至2005年年底，除1市明确不再进行清理外，其余省（区、市）已完成了粮食财务挂账的现场清理审计工作，其中河北、四川等24个省（区、市）对政策性粮食财务挂账进行了认定，北京、安徽等18个省（区、市）完成了政策性粮食财务挂账从企业剥离和上划工作。

在解决"老人"方面，一是充分利用各种非主业和闲置资源，采取多种方式增加就业岗位，安置企业富余职工。二是采取从粮食风险基金中列支一部分、争取地方人民政府从财政预算中安排一部分、企业资产变现自筹一部分等方式，积极筹措改革成本，落实各项社会保障政策，妥善分流企业富余职工。三是黑龙江、吉林、辽宁3省国有粮食企业纳入当地完善城镇社会保障体系试点，分流

安置职工的经济补偿金执行试点统一政策。截至2005年年底，全国国有粮食企业职工总数113.45万人，其中购销企业74.52万人，分别比2004年年底减少52.83万人、30.25万人，减幅为31.8%、28.9%。2005年全国累计安置国有粮食企业富余职工再就业27.48万人。

（二）推进企业产权制度改革，转换企业经营管理机制

截至2005年年底，国有粮食企业总数27831个，比2004年年底减少6471个，减幅18.9%；国有粮食企业改制数16837个，占全部国有粮食企业总数27831个的60.5%，改制数比上年增加2779个，增幅19.8%。

其中国有粮食购销企业数17714个，比2004年年底减少2808个，减幅13.7%；国有粮食购销企业改制数10852个，占购销企业总数的61.3%；国有粮食附营企业数10117个，比2004年年底减少3663个，减幅26.6%；国有粮食附营企业改制数5985个，占附营企业总数59.2%。

（三）创新企业经营方式，粮食产业化经营取得重要进展

2005年年底，全国国有粮食企业的产业化龙头企业数1442个，其中购销企业712个，比2004年分别增加504个和193个，增幅分别为53.7%和37.2%。粮食产业化龙头企业数位居全国前五位的省份是：湖北549个，四川126个，湖南101个，江苏90个，河北61个。

（四）改革改制后的国有粮食企业在粮食流通中继续发挥市场主渠道作用

2005年，全国国有粮食企业累计收购粮食11494万吨（贸易粮），占全社会粮食收购量的63%，对稳定市场粮价、促进农民增收发挥了重要作用。与此同时，国有粮食企业经济效益明显好转，比上年减亏62%。

（五）总结推广各地国有粮食企业改革经验，发挥典型示范作用

2005年6月，国家粮食局在江苏省苏州市召开了全国国有粮食购销企业改革座谈会，推介河南省和山东省莱州市等地国有粮食企业改革经验。指导各地结合当地实际，通过典型引路，加快企业改革步伐。

（六）当前国有粮食企业改革存在的主要困难和问题

在一些地方和企业，“三老”问题还没有彻底解决，尤其是政策性财务挂账认定不足，企业经营性挂账制约企业改革和发展；利用国债资金建设的粮库资产的产权关系还没有理顺，影响企业产权制度改革的进程；有的地方产权制度改革进展不快，操作不规范；大部分企业法人治理结构不健全，企业经营管理机制还不适应粮食市场化要求；总体上粮食产业化发展还处于低水平阶段等。这些问题都需要通过进一步深化改革、加快发展来解决。

三、粮食最低收购价政策及执行情况

（一）2005年稻谷最低收购价政策和执行预案

根据中发〔2005〕1号文件精神，2005年，国家发展改革委、国家粮食局、财政部、农发行等4部门先后于3月、4月、5月联合下发通知，规定早籼稻（三等，下同）最低收购价格为每50公斤70元，中籼稻为每50公斤72元，粳稻为每50公斤75元，晚籼稻为每50公斤72元。

7月，国家发展改革委、财政部、农业部、国家粮食局、农发行等5部门联合下发了《关于印发2005年早籼稻最低收购价执行预案的通知》，明确了实行早籼稻最低收购价政策的地区、在早籼稻主产区执行最低收购价政策的收购主体、具体收储企业（库点）的审定公布程序以及启动、终止预案的程序等。

8月，国家发展改革委、国家粮食局、国家标准化管理委员会下发了《关于适当调整2005年早籼稻收购整精米率控制指标的通知》，决定在严格执行早籼稻等级、水分、杂质等收购质量标准的同时，适当调低2005年早籼稻收购整精米率控制指标，即将2005年早籼稻收购的整精米率控制指标由低于50%扣价调整为低于44%扣价，高于44%（含）的不扣价。

9月，国家发展改革委、财政部、农业部、国家粮食局、农发行、中储粮总公司等6部门和单位联合下发了《关于印发2005年中晚稻最低收购价执行预案的通知》，对实行中晚稻最低收购价政策作出了具体规定和安排，其中对于整精米率明确规定为2005年整精米率指标暂按籼稻不低于44%、粳稻不低于55%掌握。

（二）稻谷最低收购价政策执行情况及其作用

按照《预案》的要求，经各有关主产省粮食局、中储粮分公司、农发行分行等部门上报，国家发展改革委、国家粮食局等有关部门共同审定，共向社会公布指定入市收购库点4239个，其中早籼稻收购库点1151个，中晚稻收购库点3088个。

由于新粮上市后部分主产省稻谷价格低于国家公布的最低收购价，经国家有关部门，国家粮食局于7月25日向中储粮总公司和安徽、江西、湖北、湖南4个早籼稻主产省发出了紧急通知，明确于7月28日起正式启动《早籼稻最低收购价执行预案》，由指定收购库点以1.40元/公斤的最低收购价格挂牌收购2005年产早籼稻。这是国家首次启动稻谷最低收购价执行预案。

9～11月，国家粮食局又先后宣布在湖北（9月15日）、安徽（9月20日）、四川（9月26日）、江西（10月20日）、湖南（11月8日）等5个中晚稻主产省启动了《中晚稻最低收购价执行预案》。由指定收购库点按中晚籼稻1.44元/公斤、粳稻1.50元/公斤的最低收购价格挂牌收购2005年产中晚稻。

9月26日，国家发展改革委、国家粮食局下发了《关于在新粮收购期间暂停中央和地方储备稻谷轮换出库的通知》，要求各地各有关部门在新粮收购期间暂停中央和地方储备稻谷轮换出库，以稳定稻谷市场价格。

11月，国家粮食局会同国家发展改革委、财政部、中国农业发展银行等部门联合下发了《关于认真做好秋粮收购工作的紧急通知》，要求各地积极做好粮食收购和抓紧粮库维修工作，确保秋粮收购工作顺利进行和入库粮食的储存安全。

总体看，2005年粮食收购工作进展比较顺利，稻谷收购价格保持在最低收购价水平之上，地方政府和农民比较满意。截至2006年2月末，启动早籼稻最低收购价政策的湖南、湖北、江西、安徽4省中储粮公司指定库点按最低收购价收购的早籼稻为456.7万吨，湖南省地方储备粮企业指定库点按最低收购价收购17.1万吨。截至2006年3月末，启动中晚稻最低收购价执行预案的安徽、江西、湖北、湖南、四川5省中储粮公司指定库点按最低收购价收购的中晚籼稻为794.9万吨。

由于2005年粳稻始终在高价位运行，市场价格高于公布的最低收购价格，没有启动粳稻最低收购价执行预案。

专栏5

粮食流通体制改革难点问题剖析

随着改革的不断深入，出现了一些新情况、新问题，需要重点研究解决。

一、促进粮食生产稳定发展的基础尚不稳固。从长期看，随着我国工业化、城镇化步伐的加快，耕地减少的趋势难以逆转，人口增加、资源短缺的矛盾将越来越突出，加上我国农业基础设施薄弱、资金投入不足和自然灾害频繁等因素，粮食稳定增产缺乏后劲支撑。

二、促进种粮农民持续增收的长效机制尚未建立。粮食供求关系缓解之后，保持粮价基本稳定或略有回升的难度加大，依靠粮价上涨促进农民增收的空间有限。农资价格上涨幅度较大，粮食生产收益下降，部分抵消了粮价上涨给农民带来的好处，农民收入缺乏新的增长点。

三、粮食宏观调控的体制和机制仍不健全。最低收购价政策在保护种粮农民利益和积极性的同时，影响了市场机制正常发挥作用和多元市场主体的公平竞争。粮食产销区之间的协作关系尚不稳固，粮价出现较大变化时合同履约率不高。

四、国有粮食购销企业深化改革的任务尚未完成。“三老”问题的解决还存在一些隐患，影响企业改革与发展的因素还没有完全消除。产权制度改革不平衡、不彻底，政府和企业之间的关系没有完全理顺，相当一部分国有粮食企业没有成为自主经营、自负盈亏的市场主体。

五、粮食市场体系不够完善。现代粮食物流体系尚未建立，流通基础设施投入缺乏持续性和稳定性。粮食期货交易存在品种少、规模小，企业和农民参与程度不高等问题。

六、粮油产业化的发展还不完全适应粮食流通工作的要求。产业链向产前、产后延伸得不够，订单履约率低的问题普遍存在。

七、粮食监督检查体系和执法队伍还不健全。

第六部分

粮食法制建设与依法行政

一、《粮食流通管理条例》的实施

（一）加大《条例》宣传力度，营造依法管粮的社会氛围

2005年，全国粮食系统开展了形式多样、内容丰富的《条例》学习宣传活动，在全社会营造学法、用法、守法的良好氛围。国家粮食局印制并组织各地张贴《条例》宣传画，开展法律知识竞赛，与国务院法制办、河南省人民政府共同举办"国粮杯"电视大赛，在《粮油市场报》开辟专栏刊登反映《条例》实施情况的文章。各地粮食部门通过专题讲座、报告会、座谈会、知识竞赛等多种形式组织《条例》的学习活动，向社会广泛发放了《条例》宣传册，有的省份举办了新闻发布会和大型咨询活动。

（二）制定《条例》配套办法，推进粮食流通管理法制化进程

为使《条例》的实施更具有可操作性，为进一步推动依法管粮提供制度保障，2004年和2005年，国家粮食局会同有关部门制定下发了粮食收购资格审核、粮食监督检查、粮食质量监管、粮食统计、粮食应急等一系列办法和制度。各省级粮食行政管理部门结合当地实际情况，制定了相关配套规定。全国29个省（区、市）制定了粮食收购资格审核管理办法,6个省（区、市）出台了粮食流通监督检查办法，20个省（区、市）出台了粮食质量监管办法。北京、湖南、安徽、浙江、上海、山东等省（市）制定了粮食流通统计制度实施细则和粮食应急预案。

（三）认真开展粮食收购资格审核，规范粮食收购市场秩序

2005年，各级粮食行政管理部门按照《条例》和已经制定的粮食收购资格审核办法，开展了粮食收购资格审核工作。湖南、江苏、安徽、福建、山东、吉林、黑龙江、四川、江西、广东、重庆等省（市）的粮食行政管理部门已经完成对首批申请粮食收购许可的审批工作，审批对象包括企业法人、个体工商户等多种所有制市场经营主体，数量超过10万个。

（四）转变粮食行政管理部门职能，加强粮食流通监督检查和行政执法工作

一是建立健全行政执法机构。许多省级粮食行政管理部门分设了法规、监督检查、统计等机构，充实了人员力量。二是制定行政执法相关制度和办法。安徽、黑龙江、四川、北京等省（市）粮食局制定了粮食流通行政执法与行政处罚程序暂行规定、粮食部门行政执法责任制实施方案等；安徽、黑龙江、上海等省（市）粮食局制定了行政复议工作制度；广东省粮食局制定了粮食系统应诉工作联系制度。三是加大对粮食市场的监管力度。2005年国家粮食局会同有关部门和单位对全国粮食企业库存情况组织了检查。在企业自查、省级复查的基础上进行了两次抽查。国家粮食局直接调查涉粮案件19起，委托地方粮食部门调查72起，对近1.4万个非国有粮食企业执行国家统计制度的情况进行了抽查。地方粮食部门也加大了监督粮食市场的力度，对查出的违法行为依法进行了处罚。

二、粮食流通统计制度实施情况

（一）充实地方粮食部门统计人员，落实调查经费

2005年是新制定的《国家粮食流通统计制度》正式在全社会实施的第一年。为切实做好全社会粮食流通统计工作，全面履行行业统计的职责，3月份，国家粮食局与有关部门联合下发了《关于进一步做好全社会粮食流通统计工作的通知》，对稳定和加强粮食统计机构和人员、安排落实社会粮食统计调查经费、加强粮食统计制度的宣传等进行部署。在国家和各地粮食部门的积极协调运作下，粮食统计工作的人力、物力资源基本得到保障。

（二）大力开展新统计制度的宣传和培训活动

4月份，全国粮食系统组织开展了“社会粮食统计宣传月”活动。各级粮食部门利用广播、电视、报刊和网络等传播媒体，大力宣传《统计法》、《粮食流通管理条例》、《国家粮食流通统计制度》。同时，各地积极组织粮食企业负责人进行有关粮食统计知识的业务培训，指导企业建立统计台账，逐步建立健全统计资料的报送渠道。

（三）推进粮食流通统计信息化建设

国家粮食局统一组织开发粮食统计信息管理应用软件，无偿配置到县级以上粮食行政管理部门使用，并举办5期省、市两级粮食统计人员培训班，实现了粮食统计数据由县、市、省、国家四级自动加工、汇总、储存和传输的全过程管理。

（四）加强对新统计制度执行情况的监督检查

在5月份和9月份的国有粮食企业库存抽查中，专门对非国有粮食企业执行国家粮食统计制度情况进行抽查，部分省市粮食部门还开展了统计执法专项检查，进一步增强了各类涉粮企业依法报送粮食统计资料的意识。

三、粮食流通监督检查工作进展情况

（一）粮食流通监督检查体系建设情况

2005年，各级粮食行政管理部门按照粮食流通监督检查工作职能、机构、人员“三落实”和专人分管、专门机构、专业队伍、专项经费“四专”的要求，加大了粮食流通监督检查工作体系建设力度，粮食流通监督检查体系建设取得了突破性进展，全国网络化的监督检查工作体系正在形成。

1.国家粮食局分设监督检查司

分设后的监督检查司专门承担国家粮食局职责范围内的监督检查职责，并相应增加了行政编制。

2.地方各级粮食行政管理部门加快机构建设步伐

截至2006年4月30日,全国31个省（区、市）及新疆生产建设兵团粮食行政管理部门，已内设监督检查处的共24个，占75%，其中河北等17个省（区、市）设立了独立的监督检查处，天津等6个省（市）及新疆生产建设兵团在原有相关职能处室加挂了监督检查处的牌子。北京等8个省（区、市）粮食行政管理部门内设监督检查机构虽然暂未设立，但都向当地政府编制管理部门作了报告，争取早日设立。

全国353个地（市）级粮食行政管理部门中，已内设监督检查科的共116个，占32.9%，其中独立设立监督检查科的73个，加挂监督检查科牌子的43个。全国2540个县（市）级粮食行政管理部门中，已内设监督检查股的539个，占21.2%，其中独立设立监督检查股的261个，加挂监督检查股牌子的278个。全国地（市）级粮食行政管理部门成立行政执法队的有28个，占8%，县（市）级粮食行政管理部门成立行政执法队的有305个，占12%。

3.加强监督检查行政执法人员培训

2005年，全国通过培训取得粮食流通监督检查行政执法资格的执法人员已有13916人。

（二）粮食流通监督检查工作开展情况

1. 开展国有粮食购销企业库存检查

在各地全面自查的基础上，国家粮食局会同有关部门组成联合工作组分两批对全国15个省（区、市）的国有粮食购销企业粮食库存情况进行了抽查，基本摸清了粮食库存家底，为深化粮食流通体制改革、实施粮食宏观调控及完善有关粮食政策提供了可靠的决策依据。

2. 加强粮食收购市场的监管

国家粮食局加强了对各地粮食收购工作的指导，江西、湖北、湖南等省按照国家粮食局的统一部署，在加强粮食收购资格审核的同时，集中力量开展粮食收购专项监督检查工作，重点对少数扰乱粮食收购秩序的违法、违规行为进行了打击，逐步推动粮食流通监督检查工作向社会粮食流通领域延伸。

3. 完善粮食质量标准体系，加强粮食质量监管

国家粮食局组织制定了《粮食质量监管实施办法（试行）》，修订了《粮食储存品质判定规则》，

并按照新标准组织实施了对黑龙江、吉林两省库存陈粮的品质鉴定。各地粮食行政管理部门加强了对粮食出库质量检验工作，增加了卫生指标检验的内容。配合工商部门根据《陈化粮处理若干规定》的要求，认真检查和及时处理陈化粮违规案件，有效地维护了广大消费者的合法权益。

4. 依法及时受理各种举报，认真查办各类涉粮案件

各级粮食行政管理部门在依法查办涉粮案件方面做了大量工作，到年底大部分案件能够结案。国家粮食局根据群众举报还进行了一些有针对性的调研工作，为企业排忧解难。

四、中央储备粮代储资格认定情况

（一）开展了三批中央储备粮代储资格认证工作

按照《中央储备粮代储资格认定办法》及其实施细则的要求，2005 年分三批共受理企业申请 1994 份，经严格审核，授予 1680 户企业中央储备粮代储资格，其中粮食类企业1531户，总仓容8098万吨；油脂类企业 151 户，总罐容 190 万吨。

代储资格认定工作坚持依法行政和公开、公正、公平、高效的原则。申请的程序、要求及电子软件均上网公布（申请软件免费下载），申请及认定程序从省级初审受理到专家评审、公示征求意见、公告发布，全程公开、有章可循、明晰规范。

（二）认真研究代储资格认定中遇到的新情况、新问题

对特种储备的代储资格、西藏等特殊地区代储资格条件、地下仓等特殊仓型代储资格条件等问题进行了重点研究，提出了解决方案，经上网公布后，应用于认定工作。

（三）代储资格认定工作初步取得预期成效

中央储备粮代储资格认定有效地促进了粮食仓储企业的升级改造。2005 年，企业为满足代储中央储备粮的要求，自筹资金购置检验仪器约 2000 台（套），环流熏蒸能力、机械通风能力、计算机测温能力均提高了200万吨以上。保管员、检化验人员的培训及执证上岗也得到了明显的促进。中央储备粮代储企业的仓储条件明显改善，管理更加规范，有利于确保中央储备粮的储存安全。

专栏6 行政执法面临的问题

由于粮食行政执法起步较晚，行政执法过程中仍然存在着一些不容忽视的问题。

一、粮食行政管理机构和粮食行政执法机构不健全，人员少，经费难落实，一定程度上制约了粮食行政执法的开展。全国2794个县级行政区中，目前只有1551个有粮食行政管理部门（包括与其他部门合署办公的）。在有些设立粮食行政管理部门的地方，尤其是执法任务较重的县级粮食行政管理部门，没有独立的行政执法机构，相应的执法人员和经费都没有保障，难以承担繁重的执法任务。

二、粮食行政执法的相关制度建设进展不平衡。有的省份已经出台了粮食行政执法的一系列制度办法，包括执法程序、执法证件的使用和管理、行政执法文书的使用等，而有些地方相关的制度建设没有及时跟进，使执法行为缺乏有效的规范。

三、粮食行政执法队伍建设情况尚不适应形势发展的需要，行政执法人员的素质有待进一步提高。相当一部分人员未受过系统的业务培训，具有法律专业知识的人员尤其缺乏，一定程度上影响了执法工作的顺利开展。

四、由于行政管理体制等诸多原因，在目前的粮食行政执法过程中，还存在着职能交叉、多头管理等问题。

第七部分

粮食行业发展

一、粮食行业“十一五”规划

2005年，国家粮食局制定了粮食行业“十一五”规划，提出“十一五”时期粮食流通工作的主要任务是：深化一项改革，健全四大体系，建设六项工程。深化一项改革，即继续深化粮食流通体制改革；健全四大体系，即以经济和法律手段为主、辅之以必要行政手段的粮食宏观调控体系，以市场主体多元化、经营方式多样化的粮食市场体系，以法律手段为主的粮食市场监管体系，以现代化粮食物流和加工业为依托的粮食产业化体系；建设六项工程，即全国粮食物流工程、国家粮库技术改造工程、粮油加工产业升级工程、农村粮食产后安全保障工程、高新技术产业化工程和科技创新体系建设工程。

(一)继续深化粮食流通体制改革，推动粮食产业化经营进一步发展

1.主要目标

加快完善适应社会主义市场经济发展要求和符合我国国情的粮食流通体制。完善粮食法制体系和监督检查体系，实现依法管粮。促进粮食产业化经营进一步发展，初步形成比较完整的粮食产业体系。

2.具体任务

进一步消除粮食流通中的体制性障碍，建立比较完善的国家调控市场、市场形成价格的机制。加快国有粮食购销企业改革，引导和鼓励非国有资本进入粮食市场，促进多元化粮食市场主体健康发展。健全对种粮农民补贴机制，保护和调动农民种粮积极性。加快粮食法制建设，为粮食流通管理提供更有力的法制保障。加强粮食流通监督检查，维护正常的粮食流通秩序。

3.主要措施

一是妥善解决国有粮食购销企业历史包袱，继续发挥粮食流通主渠道作用。二是支持粮食产业化龙头企业的发展，大力推进粮食产业化经营。三是严格粮食市场准入制度，建立粮食市场主体收购资格定期审核制度，加强粮食市场监管，规范市场主体交易行为，促进粮食有序流通。进一步推动“放心粮油”工程建设，逐步建立粮食市场主体信用体系。四是加强粮食市场建设，完善粮食市场体系。五是完善对种粮农民补贴机制。六是健全粮食流通监督检查工作体系，切实做到省、地、县三级粮食行政管理部门监督检查工作职能、机构、人员“三落实”。七是切实贯彻落实《中央储备粮管理条例》和《粮食流通管理条例》，积极完善有关配套规章。八是加强粮食行政机构和队伍建设。

(二)改善和加强粮食宏观调控，确保粮食供求基本平衡和市场基本稳定

1.主要目标

进一步改善和加强粮食宏观调控，健全粮食宏观调控体系，促进粮食生产稳定发展，确保粮食供求总量基本平衡和粮食价格在合理水平上的基本稳定，确保国家粮食安全。

2.具体任务

合理引导粮食生产和消费，保持粮食供求“紧平衡”，稳定粮食市场价格。积极做好粮食购销工作，保护种粮农民利益，保证市场供应。进一步完善粮食储备调节体系，增强粮食宏观调控能力。努力提高粮食应急能力，保证应急工作需要。灵活运用进出口手段，做好粮食余缺和品种调剂。大力推进产销合作，形成长期稳定的购销协作关系。继续加强粮食统计工作，为宏观调控提供可靠的决策信息。

3.主要措施

一是正确把握粮食供求形势，稳定发展粮食生产。二是积极做好粮食购销工作，认真落实最低收购价政策。三是进一步加强粮食储备体系建设，完善储备粮管理体制。四是继续完善粮食应急体系，落实各项应急保障措施。五是进一步加强产销合作，建立产销区利益协调机制。六是进一步加强粮食统计信息工作。

（三）加强粮食流通设施和现代物流建设，提高粮食流通现代化水平

1.主要目标

明显改善和提高全国粮食流通基础设施的布局和功能，初步建立比较完善的粮食流通公共服务体系和重点区域现代粮食物流体系，提高粮食流通效率和现代化水平。

2.具体任务

建设跨省主要粮食物流通道、粮食物流节点和基地，发展散粮运输，加快培育大型粮食物流企业，提高粮食物流的技术装备水平和信息化程度，初步建立粮食物流标准化体系和粮食应急调控体系。

3.政策措施

制定相关优惠政策和形成有效的激励机制，争取和利用银行优惠贷款和国家贴息、资本金注入等政策，鼓励多种所有制形式的企业对现代粮食物流体系、旧仓改造等项目进行投资。

4.相关指标

在粮食主产区和主销区建成港口中转库400万吨，形成港口中转能力4000万吨、内陆中转能力1200万吨。使全国原粮流通量中散粮流通份额由现在的15%提高到30%，国内跨省流通量（不包括进出口）中散粮流通份额由现在的20%提高到50%。

5.重大项目

一是全国粮食物流项目。主要建设沿海散粮港口中转库及专用码头项目、内陆散粮物流节点项目、散粮运输工具项目、散粮接收发放设施项目、粮食平房仓机械化出仓设施项目、粮食物流信息化项目、粮食物流标准体系建设项目、粮食检验检测设施项目。二是国家粮库技术改造项目。重点对部分粮库基础设施进行修缮和技术改造，增加电子测温、通风等设施和密封、隔热措施。

（四）积极扶持粮油加工产业体系建设，提高加工集约化程度和综合利用水平

1.主要目标

构建政府宏观调控和市场调节相结合的粮油加工产业体系，促进技术进步和结构优化，全面提升自主创新水平。

2.具体任务

显著提高粮油加工业集约化程度，提高粮油及其加工副产品综合利用水平，提高国产技术装备水

平，培育形成一批国家级粮食产业化龙头企业、名牌产品加工基地，修订、制定市场急需的行业或国家技术和质量标准，构建粮油质量监控网络。

3.政策措施

一是制定产业指导政策，及时发布行业生产能力和产业投资指导目录等，引导全行业健康发展。二是鼓励和引导全社会各种经济主体增加对粮油加工业的投入，同时建议中央和地方财政对产业规划鼓励的重大研发项目、技术改造项目、龙头企业，给予贷款贴息支持。三是建议对粮油加工产业化龙头企业在所得税和进口关税方面实行减免，并给予金融支持。四是继续组织实施“放心粮油工程”，建立健全粮油加工业专业技术工种资格培训、认证和技术推广等社会化服务体系。

4.相关指标

到2010年，规模以上企业处理粮食加工量占总加工量的比例由30%增加到45%；粮油加工的国产技术装备水平总体上达到20世纪末发达国家水平；制定、修订一批市场急需的行业或国家技术和质量标准。

5.重大项目

支持20个龙头企业技术改造，产品升级，综合利用粮油及其加工副产品资源（米糠、稻壳、废弃油脂等），杂粮（莜麦、芸豆等）加工产业化及加工技术开发，虚拟仪表和控制系统等关键技术装备的自主创新研制和推广，城乡居民面制主食品、米制主食品（米线、米粉、方便米饭）工业化。

（五）推动粮油科技进步，提高粮食流通科技水平

1.主要目标

全面提升粮油科技自主创新水平，改造传统粮食流通技术，建立粮食科技创新体系和粮食流通技术支撑体系。粮食储藏技术达到国际先进水平，粮食物流技术和加工技术接近发达国家20世纪末水平。快速检测技术、传感器技术和信息化技术在粮食流通中的应用水平明显提高。

2.具体任务

以信息化技术和生物技术为主导，加快提高粮食产业化整体高技术水平。重点包括绿色、高效、节能、实用的仓储技术，粮食深加工技术，标准质量技术，流通信息技术，机电一体化程控技术。

3.政策措施

加大国家在粮食科技基础理论研究的投入，增加部门预算经费。对以企业为主体的科技攻关、成果转化以及产业化项目，逐年增加国家引导性政策投入。建议对于提升粮食现代化技术水平服务于建设新农村的技术设备，同等享受农机政策性补贴。建立粮食科技型中小企业风险基金，形成有利于科技型企业发展的投资机制。

4.相关指标

优化升级3～5项现有储粮技术，建立2～3个绿色生态储粮技术集成示范基地，实现国家粮食“绿色安全”储粮技术应用达到30%。研究开发一批粮食深加工技术产品和机电一体化设备。建立

物流供应链关键技术与装备集成示范。开发具有自主知识产权的粮食快速检测仪1～3项。建立国家工程（技术）中心2～3个，重点实验室2～3个。

5.重大项目

一是农村粮食产后安全保障项目。推广新型、适用农户储粮的技术设备和农村粮食集中处理的干燥技术，建设辐射和带动农村产后农户储粮、集中干燥处理、小型流通设施等技术服务中心。二是高新技术产业化项目。集成具有独立知识产权的绿色生态储粮、质量检测、物流技术、监测和动态管理技术成果，集中在国家粮食储备库进行示范应用；粮食深加工重大高新技术及装备产业化示范；生物质能源（玉米转化为燃料乙醇、利用稻壳发电等）开发等高新技术产业化示范。三是科技创新体系建设项目。通过国家工程中心和重点实验室的建立，构建科技创新的基础平台。建设以科研院所、院校和科技型企业为依托的重大技术研发平台，以院所、院校为依托的技术研发平台，以企业研发中心为依托的技术平台，以院所、院校为依托的重点实验中心。

二、粮食职业教育培训

（一）业务培训

2005年，国家粮食局以贯彻执行《粮食流通管理条例》为重点，组织对行政执法人员进行业务培训，共面向粮食行业举办培训班8期，培训人数1593人。其中，分3期对省（区、市）、地市级粮食监督检查人员进行了上岗培训，共有800多人通过培训考试获得行政执法上岗证书。此外，还举办5期公文处理、仓储设备管理、纪检监察等专门业务培训班，共培训700多人。

（二）职业技能培训与鉴定

1.颁布粮食行业国家职业标准

2005年11月，劳动和社会保障部和国家粮食局联合颁布了粮油竞价交易员、粮油购销员、粮油保管员、制米工、制粉工、制油工、粮油质量检验员等7个粮食行业国家职业标准。标准的颁布，确立了粮食行业特有职业在国家职业分类中的地位，结束了粮食行业无国家职业标准的历史，使粮食行业职业教育培训和技能人才开发工作进入了规范化、科学化轨道。

2.建立粮食行业职业技能鉴定站

按照统筹规划、合理布局、择优选择、严格标准、分批组建的要求，经劳动和社会保障部批准，分两批在22个省（区、市）、新疆生产建设兵团以及3个中央企业中，建立了33个粮食行业特有工种职业技能鉴定站。这些鉴定站被授予《职业技能鉴定许可证》和《行业特有工种职业技能鉴定站》标牌，取得职业技能鉴定资格，成为粮食行业实施职业技能鉴定的载体。

3.粮食行业职业技能培训教程和鉴定题库建设

经过近百名行业专家近一年的努力，编写完成了粮油保管员、粮油质量检验员、粮油竞价交易员、制米工、制粉工、制油工等培训教程，并已陆续正式出版发行。完成了6个职业（工种）技能鉴定2万多道试题编制任务，建立了职业技能鉴定国家题库（粮食行业分库），实现了题库信息化、规范化管理。

4. 建立粮食行业职业技能鉴定规章制度

国家粮食局办公室印发了《粮食行业特有工种职业技能鉴定规程》、《粮食行业特有工种职业技能鉴定站管理办法》、《粮食行业特有工种职业技能鉴定考评人员管理办法》、《粮食行业特有工种职业技能鉴定试卷运转管理办法》、《粮食行业特有工种职业资格证书核发与管理办法》等12项规章制度，为鉴定工作各环节有章可循，确保鉴定质量奠定了基础。

5. 部署粮食行业职业技能培训工作

国家粮食局印发了《关于开展粮食行业特有职业（工种）技能培训工作的通知》，强调了开展粮食行业特有职业（工种）技能培训的重要性，要求各省（区、市）、有关中央企业认真贯彻粮食行业国家职业标准，广泛开展职业技能培训，加强培训机构的建设和管理，并公布了首批41个粮食行业职业技能培训基地。这些培训基地主要承担高级工以上人员培训任务。

三、粮食行业科技进步与创新

（一）粮食行业科研院所管理体制改革取得重要进展和成效，为行业科技创新体系建设奠定了基础

1. 粮食行业公益性基础性科研队伍得到加强

国家粮食局科学研究院组建为非营利性科研机构，通过深化改革建立了新的运行机制，粮食储藏、粮油质量安全、粮油深加工、粮食流通技术等学科和人员结构得到优化，一支以中青年科技人员为主体的粮食科研队伍正在形成。按照核定的编制数，人均科学事业费翻了两番，科研项目经费明显增加，创新能力增强，科技成果数量增加。

2. 转制后的粮食科研院所市场意识和科技成果产业化能力显著增强

无锡、武汉、郑州、成都、西安5个院所转制为科技型企业，组建了中谷科技总公司，市场意识明显增强，科技产业发展势头良好。完成了清产核资、人事划转工作，拓宽了工程设计和技术开发的服务范围，粮食科技成果得到了产业化应用。成都粮食储藏科学研究所和郑州粮食科研设计院等单位，获得了财政部“科研仪器更新专项”支持，用于加强粮油质量标准公益研究，提高了院所公益研究能力。

3. 粮食行业科技成果中试转化平台建设加快

为提高粮食行业科技成果的工程化水平，依托9个粮食科研院所、大学和1个中央直属库，国家粮食局批准分别组建了粮食物流、粮油食品、储藏物保护等10个工程技术研究中心，加速了粮食科技与经济、技术与市场、科研机构与企业的结

合，在小麦品质快速检测仪器、粮油深加工装备技术开发等方面取得明显成效。

4.地方粮食科研院所改革发展势头良好

省级粮食科研机构基本完成了转制工作，已进入稳步发展时期。他们立足于服务地区经济发展，解决本地粮食产业发展中的科技问题，取得了较好的经济社会效益。辽宁、湖南、黑龙江、陕西、河南、江西、福建等省粮油科研院所的科技创新能力明显增强。

（二）开展“十五”粮食行业科技项目总结后评价工作，“十五”粮食科技工作取得显著成绩

通过对国家粮食局组织的122项“十五”国家科技粮食项目及抽样调查的其他586项科技项目进行了总结后评价分析，“十五”粮食科技项目和投入显著增加，经济社会效益明显，基本完成了《“十五”粮食行业科技发展规划》的总体目标和主要任务。国家粮食局组织的粮食科技投入超过10亿元，其中国家投入约4亿元，比“九五”期间国家投入增加近3倍。国家粮食科技项目取得的新技术、新工艺、新产品和新材料等科技成果170多项，60%的科技成果已得到了推广和应用。国家科技成果转化收入1亿多元，新增产值8亿多元，新增利税1.6亿多元。利用其他资金的科技项目共取得新产品92项，专利70项（其中发明专利17项），共新增产值近40亿元，新增利税近6亿元。

（三）开展“十一五”粮食科技发展战略研究，研究制定“十一五”粮食科技发展指导意见

组织编写了《“十一五”粮食流通科技发展调研报告汇编》、《世界主要产粮国家科研机构及其研究动态》，完成了“十一五”粮食储藏、粮食现代物流、粮油加工、粮食质量安全与检测、粮食流通信息化科技发展问题、总体战略等6个《专题研究报告》。向科技部报送《“十一五”粮食行业重大科技项目需求和重大科技项目》，向国家发展改革委报送《“十一五”粮食行业重大高技术产业化工程》。研究制定《“十一五”粮食科技发展指导意见》。

（四）实施国家重点科研计划，加强粮食行业共性关键技术研究开发

2005年共受理粮食行业科技项目申报75项，推荐申报63项，获批准列入国家科研计划共有27项（见表7-1）。

表7-1 2005年度国家粮食局国家科技计划项目

国家科技攻关计划	科研院所开发专项	农业科技成果转化	科技成果推广	星火计划	火炬计划	重点新产品计划	社会公益研究专项	软科学计划	合计
1项	1项	4项	4项	6项	1项	6项	3项	1项	27项

1. 科研院所社会公益项目及软科学研究计划项目

“稳定粮食供需平衡保障国家粮食安全调节机制的研究”列入国家软科学研究计划。“小麦粉有害微生物污染的防控研究”、“粮食仓储行业HACCP体系研究”、“HACCP体系在稻谷加工业的建立及应用研究”3个项目列入2005年度国家社会公益研究工作专项。“油脂储备安全保障关键技术研究与开发”课题，列入“十五”国家科技攻关项目。

2. 农业科技成果转化资金项目等科技产业化环境建设计划

2005年组织18项科技项目，分别列入2005年度科技产业化环境建设计划（见表7-2）。

表7-2　2005年度科技产业化环境建设计划

序号	项目类别	项目名称
1	国家级星火计划	玉米工业化生产酵母及计算机控制产业化研究
2	国家级星火计划	富硒香米开发研究及其产业化
3	国家级星火计划	木瓜符合发酵果醋酿造技术中试
4	国家级星火计划	电子粉质仪转化
5	国家级星火计划	食品专用粉后处理技术与装备的转化
6	国家级星火计划	新型双螺旋榨油机中试
7	国家级火炬计划	“HIV、HB、TSH"单克隆抗体规模化生产
8	国家重点新产品计划	年产300吨低热量油脂项目
9	国家重点新产品计划	TWCD10多组份批量添加机
10	国家重点新产品计划	YGZ-Ⅱ型谷物（玉米）干燥智能控制系统
11	国家重点新产品计划	JLG-1检验用实验室砻谷机
12	国家重点新产品计划	JNM-1检验用实验室碾米机
13	国家重点新产品计划	JZSG-1谷物脂肪酸值测定仪
14	国家科技成果重点推广计划	粮食通风干燥技术与设备
15	国家科技成果重点推广计划	超滤膜法从油茶饼粕中提取精制油茶皂甙
16	国家科技成果重点推广计划	利用大豆粕提取提高含量大豆异黄酮、大豆皂甙
17	国家科技成果重点推广计划	稻壳燃烧热风炉成套设备
18	农业科技成果转化项目	饲料添加剂朴菇多糖粉生产技术中试
19	农业科技成果转化项目	低温升碾米技术成果转化
20	农业科技成果转化项目	超滤膜法分离精制油茶皂甙中试生产
21	农业科技成果转化项目	配混米装置的转化
22	技术开发研究计划	面粉散转发放接受成套技术与装备的研究与开发

（五）粮食科技取得了一批重要科技成果

2005年度，国家粮食局组织验收的科技项目有12项，进行了“食品功能因子研究”、“油脂加工精制智能化设备研究”等6项科技成果登记。完善了“粮食科技成果库”，收集了300多项粮食科技成果，在网上运行开放共享取得了良好效果。

1.“十五”国家科技攻关“粮油储藏安全保障关键技术研究开发与示范”项目主要科技成果

一是玉米低温真空保质干燥新技术开发及300t/d设备生产性试验取得了突破性进展，干燥后玉米品质明显改善，能耗比热风干燥机明显降低，为解决东北高寒地区高水分玉米一次性快速降水导致的高破碎率问题提供了有效技术途径。二是物理杀虫剂“硅藻土应用技术”正在13个大型粮库进行实仓应用示范试验，将为粮食储藏提供适用的无公害储粮药剂；“储粮微生物活性快速检测与控制技术”取得了发明专利，防霉效果显著，达到国际领先技术水平，已在15个国家储备粮库使用。三是开发了“粮食杂质检测及自动滴定技术”、“油脂色泽、烟点、粗脂肪质量快速检测技术”、“稻谷玉米新陈判别技术”、“油脂储藏稳定性快速检测技术”等新技术，已完成二代新样机的开发，部分检测仪器已小批量生产。

2.“十五”国家科技攻关“粮食丰产科技工程”重大项目“粮食产后减损增效共性技术开发示范”主要科技成果

开发了10套先进实用经济的农村储粮新装具、2种农村储粮保护剂，集成创新了5种农村储粮技术模式，编辑出版了《农户安全储粮技术手册》，开发了“农村储粮专家系统”网络版。建立了技术示范实验点。在11个主产省的核心试验区建设了科技储粮示范户1104户，对5000多位农民进行了培训。

3.“十五”国家科技攻关“农产品深加工技术与设备研究开发”重大专项粮油加工领域取得的主要科技成果

突破了玉米深加工催化剂、醇分离等关键技术，在国际上率先实现了利用玉米加工有机化工醇的产业化，建成年产2万吨多元醇示范生产线；采用复合变性技术，在国内首次利用蜡质玉米淀粉生产出食品用交联醋酸酯预糊化淀粉、交联羟丙基淀粉，可替代进口产品；利用后修饰技术对大豆分离蛋白进行物理、化学和生物改性，开发出7种专用分离蛋白，首创利用振动式和动态式超滤膜结合处理大豆乳清废液回收乳清蛋白，建立了100吨大豆乳清浓缩蛋白生产线；利用酶法与物理法相结合的方法，获得生物改性的优质大米蛋白和米糠蛋白；开发出了多孔淀粉生产技术，产品性能超过国外同类产品；利用生物酶法抵制技术，解决了米制品回生等问题，使米粉1年内不老化；解决了谷朊粉高效提取的关键技术；双低油菜籽深加工中开发出独创的双螺杆冷榨机、菜籽脱皮机与皮仁分离系统，研制了处理能力达到100吨菜籽/天的干法脱皮膨化成套生产技术装备。

（六）粮食科技信息交流促进粮食行业科技进步

《中国油脂》、《粮食与饲料工业》、《粮食储藏》、《粮油仓储科技通讯》、《粮食流通技术》、《粮油食品科技》、《粮食与食品工业》等7个科技期刊2005年发行量达27万多册，为粮食行业的科学知识普及和科技创新发挥了积极的作用。

四、粮油高新技术产业化与深加工食品工业示范工程

（一）农产品深加工食品工业示范工程专项

2005年，经国家粮食局组织申报并得到国家发展改革委批复立项的第二批农产品深加工食品工业示范工程项目有：山西寿阳县民生粮油有限公司“优质荞麦系列产品深加工项目”、江西金佳谷物股份有限公司“优质大米及副产品综合利用项目”、湖南长沙凯雪集团有限公司“面粉深加工及其副产品综合利用项目”、山东无棣县润驰科技食品有限公司“醇法生产大豆浓缩蛋白及副产品综合利用项目”、山东滨州泰裕麦业有限公司“年加工优质小麦48万吨及副产品总和深加工项目”。项目总投资约7.7亿元，目前这些项目正在建设中。

（二）现代农业高技术产业化

2004～2005年度，国家发展改革委在“现代农业高技术产业化专项”中重点支持了选育具有明显增产和品质优良的粮油良种产业化专项29项，重点支持了发酵工业新产品、新技术和新装备等领域，批准组建了“安徽丰原发酵技术工程研究有限公司发酵技术国家工程研究中心”。

（三）国家农业科技成果转化项目

2005年，科技部在国家农业科技成果转化项目中支持涉及粮食的项目共102项，国拨经费约0.7亿元。其中粮食产后项目9项，涉及粮油资源加工、粮食储藏等。

五、国际交流与合作

（一）组织粮食系统有关人员赴国外考察和培训

2005年，国家粮食局组织有关人员赴加拿大、英国、法国、韩国、南非、埃及、巴西、阿根廷、瑞典、丹麦和越南等国考察，以及赴美国、澳大利亚、德国、巴西等国的培训项目。各考察团和培训团认真地执行考察及培训任务，取得了较好的效果。

（二）接待国外粮农代表团来访

2005年，国家粮食局分别接待了阿根廷农业部、匈牙利农业部、俄罗斯农业署、越南农业部、国际谷物理事会等政府和国际组织的高级代表团以及加拿大小麦局、瑞士布勒集团、法国粮食出口协会、德国托福粮食贸易公司、法国烘干设备公司、法国路易达孚公司等企业高级代表团。国家粮食局领导分别会见并向代表团介绍了我国粮食供求形势和粮食流通体制改革情况，使他们对我国的粮食供需和市场情况有了正确的了解，双方探讨了进一步加强合作与交流的方式和途径。

（三）借鉴国外粮食科学技术和管理经验

2005年，国家粮食局分别邀请美国、加拿大、澳大利亚、日本等国的15位专家来华介绍粮食储藏、检验和深加工等方面的先进技术。

（四）加强粮食行业对外交流与合作

2005年，国家粮食局继续执行加拿大国际开发署资助的“中国西部地区退耕还林粮食供应问题的政策研究”项目，派6位中方专家赴加拿大考察粮食流通体制，接待加方专家到我国四川、贵州、甘肃和宁夏考察，在大连举办了“中加粮食流通政策与管理研讨班”。继续执行联合国环境署资助的“粮食仓储行业淘汰甲基溴项目”，选择了128个技术援助库点，组织有关专家赴美国考察甲基溴替代技术，在国内举办了三期有350名粮库技术人员参加的培训班。国家粮食局和浙江省粮食局合作，在杭州召开了“粮食现代物流国际研讨会”，邀请世界银行、美国、加拿大、日本和新加坡等国的物流专家到会介绍国外发展粮食现代物流情况和管理经验。在北京组织召开了“强化营养面粉国际研讨会”，联合国开发计划署和儿童基金会等国际组织和国内外有关企业派代表参加了会议。在南宁举办了“2005年中国（南宁）东南亚粮农产品绿色食品展览会”和“中国—东盟粮油企业发展论坛”。在成都举办了“世界粮食日节约粮食宣传周”活动等。

（五）民间往来和学术交流活动

在北京召开“2005年北京国际油脂研讨会暨油脂分会第十四届年会”，300多名专家、学者和代表交流探讨国内外油脂工业的最新技术，我国和英国、马来西亚、比利时等20多位国内外专家、学者作了专题发言。由中国粮油学会（CCOA）和国际谷物科技协会（ICC）主办，在郑州召开了“国际小麦品质及面粉改良研讨会”，300多位专家、学者和科技工作者参加了大会。美国、加拿大等14个国家的代表就有关专题进行了深入广泛的学术交流。此外，中国粮油学会作为国际谷物科技协会（ICC）的国家会员单位，派代表团参加了其在总部所在地维也纳举办的50周年学术年会，并就2007年在中国举办“ICC第十三届粮油科技大会”达成初步意见。

附录

附录

附　　录

一、粮食行业统计资料

1. 国民收入和国内生产总值指数（1978～2005年）
2. “十五”时期国民经济和社会发展情况
3. 居民消费价格指数（2001～2005年）
4. 主要农产品产量（1978～2005年）
5. 主要农产品人均占有量（1978～2005年）
6. 粮食分品种收购量（1978～2005年）
7. 粮食分品种销售量（1978～2005年）

二、2005年粮食行业大事记

三、2005年有关粮食重要文件选编

一、粮食行业统计资料

1. 国民收入和国内生产总值指数（1978~2005 年）

（上年 =100）

年份	国民总收入	国内生产总值	第一产业	第二产业	第三产业	人均国内生产总值
1978	111.7	111.7	104.1	115.0	113.7	110.2
1979	107.6	107.6	106.1	108.2	107.8	106.1
1980	107.8	107.8	98.5	113.6	105.9	106.5
1981	105.2	105.2	107.0	101.9	110.4	103.9
1982	109.2	109.1	111.5	105.6	113.0	107.5
1983	111.1	110.9	108.3	110.4	115.2	109.3
1984	115.3	115.2	112.9	114.5	119.4	113.7
1985	113.2	113.5	101.8	118.6	118.3	111.9
1986	108.5	108.8	103.3	110.2	112.1	107.2
1987	111.5	111.6	104.7	113.7	114.4	109.8
1988	111.3	111.3	102.5	114.5	113.2	109.5
1989	104.2	104.1	103.1	103.8	105.4	102.5
1990	104.1	103.8	107.3	103.2	102.3	102.3
1991	109.1	109.2	102.4	113.9	108.8	107.7
1992	114.1	114.2	104.7	121.2	112.4	112.8
1993	113.7	114.0	104.7	119.9	112.1	112.7
1994	113.1	113.1	104.0	118.4	111.0	111.8
1995	109.3	110.9	105.0	113.9	109.8	109.7
1996	110.2	110.0	105.1	112.1	109.4	108.9
1997	109.1	109.3	103.5	110.5	110.7	108.2
1998	107.9	107.8	103.5	108.9	108.3	106.8
1999	107.6	107.6	102.8	108.1	109.3	106.7
2000	108.9	108.4	102.4	109.4	109.7	107.6
2001	108.1	108.3	102.8	108.4	110.2	107.5
2002	109.5	109.1	102.9	109.8	110.4	108.4
2003	110.6	110.0	102.5	112.7	109.5	109.3
2004	110.4	110.1	106.3	111.1	110.0	109.4
2005	110.7	109.9	105.2	111 4	109.6	109.3

注：本表按可比价格计算。
数据来源：国家统计局统计资料。

2. “十五”时期国民经济和社会发展情况

指　　标	单位	“九五”时期合计或平均	“十五”时期合计或平均	“九五”时期平均每年增长(%)	“十五”时期平均每年增长(%)
国民经济核算					
国内生产总值	亿元	423444	708010	8.6	9.5
第一产业	亿元	72033	92497	3.5	3.9
第二产业	亿元	196972	325958	9.8	10.7
第三产业	亿元	154439	289555	9.5	9.9
人均国内生产总值	元	6816	10976	7.6	8.8
人口					
年底总人口	万人	124661	129210	0.9	0.6
劳动就业					
就业人员	万人	70577	74444	1.2	1.0
城镇登记失业人数	万人	574	783	2.7	7.1
投资					
全社会固定资产投资总额	亿元	139033	295362	11.2	20.2
能源					
能源生产总量	万吨标准煤	644189	838738	0.0	9.8
能源消费总量	万吨标准煤	681344	895681	1.1	9.9
财政					
财政收入	亿元	50774	115029	16.5	18.7
财政支出	亿元	57043	127801	18.4	16.2
物价					
商品零售价格指数	%			-0.1	0.3
居民消费价格指数	%			1.8	1.3
人民生活					
城镇居民人均可支配收入	元	5512	8590	5.7	9.6
农村居民人均纯收入	元	2128	2731	4.7	5.3
农业					
粮食产量	万吨	248156	229388	-0.2	0.9
棉花产量	万吨	2155	2714	-1.5	5.3
油料产量	万吨	12238	14716	5.6	0.8
对外经济					
货物进出口总额	亿美元	17739	45579	11.0	24.6
出口总额	亿美元	9617	23852	10.9	25.0
进口总额	亿美元	8122	21727	11.3	24.0
实际利用外商直接投资额	亿美元	2135	2741	1.6	8.2

数据来源：国家统计局统计资料。

3. 居民消费价格指数（2001～2005年）

（上年=100）

项　　目	2001年	2002年	2003年	2004年	2005年
居民消费价格指数	100.7	99.2	101.2	103.9	101.8
食品	100.0	99.4	103.4	109.9	102.9
粮食	99.3	98.3	102.3	126.4	101.4
油脂	91.7	98.7	112.6	118.2	94.3
肉禽及其制品	101.6	99.5	103.3	117.6	102.5
蛋	106.0	102.6	98.6	120.2	104.6
水产品	97.1	96.7	100.3	112.7	105.9
菜	100.9	98.2	117.7	95.1	109.1
糖	104.6	97.3	97.5	102.2	104.0
茶及饮料	99.1	99.0	99.2	100.0	100.1
干鲜瓜果	99.9	103.1	103.0	104.0	102.2
奶及奶制品	99.1	99.0	99.2	100.5	100.9
烟酒及用品	99.7	99.9	99.8	101.2	100.4
烟草	99.6	99.9	99.8	100.9	100.4
酒	99.9	100.1	100.1	102.2	100.6
衣着	98.1	97.6	97.8	98.5	98.3
服装	97.6	97.4	97.6	98.3	98.1
鞋袜帽	99.0	98.0	97.7	98.3	98.3
家庭设备用品及服务	97.7	97.5	97.4	98.6	99.9
耐用消费品	96.1	95.9	95.8	97.1	98.8
室内装饰品	98.3	98.8	98.8	99.2	99.5
家庭服务及加工维修服务	101.5	101.2	101.1	101.9	104.4
医疗保健和个人用品	100.0	98.8	100.9	99.7	99.9
医疗保健	100.3	98.5	101.2	99.1	99.5
个人用品及服务费	99.5	99.5	100.2	101.2	100.8
交通和通信	99.0	98.1	97.8	98.5	99.0
交通	101.0	99.1	99.5	100.4	101.5
通信	96.8	97.2	96.1	96.8	96.6
娱乐教育文化	106.6	100.6	101.3	101.3	102.2
文娱用耐用消费品及服务	91.2	90.5	92.7	93.3	93.8
教育	113.6	103.7	104.3	103.4	105.1
文化娱乐用品	101.7	101.2	101.3	101.1	101.2
旅游及外出	100.3	95.9	95.4	100.6	99.6
居住	101.2	99.9	102.1	104.9	105.4
建房及装修材料	98.8	98.4	99.5	104.3	102.6
租房	108.6	104.4	103.5	103.0	101.9
自有住房	100.0	95.4	99.1	100.9	105.6
水电燃料	102.5	102.9	105.7	107.5	108.6

数据来源：国家统计局统计资料。

4. 主要农产品产量（1978～2005年）

单位：万吨

年 份	粮 食	谷 物				豆 类	薯 类
			稻谷	小麦	玉米		
1978	30477		13693	5384	5595		3174
1980	32056		13991	5521	6260		2873
1985	37911		16857	8581	6383		2604
1990	44624		18933	9823	9682		2743
1991	43529	39566	18381	9595	9877	1247	2716
1992	44266	40170	18622	10159	9538	1252	2844
1993	45649	40517	17751	10639	10270	1950	3181
1994	44510	39389	17593	9930	9928	2096	3025
1995	46662	41612	18523	10221	11199	1788	3263
1996	50454	45127	19510	11057	12747	1790	3536
1997	49417	44349	20073	12329	10431	1876	3192
1998	51230	45625	19871	10973	13295	2001	3604
1999	50839	45304	19849	11388	12809	1894	3641
2000	46218	40522	18791	9964	10600	2010	3685
2001	45264	39648	17758	9387	11409	2053	3563
2002	45706	39799	17454	9029	12131	2241	3666
2003	43070	37429	16066	8649	11583	2128	3513
2004	46947	41157	17909	9195	13029	2232	3558
2005	48402	42776	18059	9745	13937	2158	3469

数据来源：国家统计局统计资料。

5. 主要农产品人均占有量（1978～2005 年）

单位：公斤

年份	粮食	棉花	油料	猪牛羊肉	水产品
1978	318.7	2.3	5.5	9.0	4.9
1979	342.7	2.3	6.6	11.0	4.4
1980	326.7	2.8	7.8	12.3	4.6
1981	327.0	3.0	10.3	12.7	4.6
1982	351.5	3.6	11.7	13.4	5.1
1983	378.5	4.5	10.3	13.7	5.3
1984	392.8	6.0	11.5	14.9	6.0
1985	360.7	3.9	15.0	16.8	6.7
1986	367.0	3.3	13.8	18.0	7.7
1987	371.7	3.9	14.1	18.3	8.8
1988	357.7	3.8	12.0	19.9	9.7
1989	364.3	3.4	11.6	20.8	10.4
1990	393.1	4.0	14.2	22.1	10.9
1991	378.3	4.9	14.2	23.7	11.7
1992	380.0	3.9	14.1	25.2	13.4
1993	387.4	3.2	15.3	27.4	15.5
1994	373.5	3.6	16.7	30.9	17.9
1995	387.4	3.8	17.6	33.0	19.3
1996	414.4	3.5	18.2	30.3	23.1
1997	401.7	3.7	17.5	33.2	29.3
1998	412.4	3.6	18.6	37.0	31.4
1999	405.5	3.1	20.7	38.0	32.9
2000	366.1	3.5	23.4	38.3	33.9
2001	356.0	4.2	22.5	39.5	34.4
2002	357.0	3.8	22.6	40.8	35.6
2003	334.3	3.8	21.8	42.7	36.5
2004	362.2	4.9	23.7	44.6	37.8
2005	371.3	4.4	23.6	47.2	39.2

数据来源：国家粮食局统计资料。

6. 粮食分品种收购量（1978～2005年）

单位：贸易粮，万吨

年份	粮食收购总量	小麦	大米	玉米	大豆
1978	5110.2	1176.8	1955.9	1046.7	216.0
1979	5925.0	1562.5	2201.0	1281.0	205.0
1980	5882.1	1396.1	2214.5	1357.8	296.5
1981	6250.5	1418.3	2421.1	1408.0	412.6
1982	7367.5	1933.6	2900.3	1427.4	401.7
1983	9879.6	2763.3	3312.4	2337.8	409.8
1984	11165.9	3427.0	3858.1	2588.1	382.4
1985	7925.0	2666.1	3012.9	1365.8	503.3
1986	9453.3	2842.2	3258.7	1871.1	653.7
1987	9920.1	2816.2	3143.7	2848.6	609.7
1988	9340.4	2673.9	3185.9	2414.7	693.5
1989	10040.2	2855.5	3622.9	2587.7	620.0
1990	12364.5	3646.6	4316.0	3072.8	661.2
1991	11423.0	3392.5	3810.0	3338.4	582.2
1992	10414.4	3841.4	3272.6	2621.7	406.1
1993	9234.0	3373.1	2505.0	2470.0	606.2
1994	9226.4	3230.4	2697.6	2185.0	732.2
1995	9443.8	3125.0	3061.4	2435.6	522.5
1996	11918.3	3614.8	3382.2	4224.7	437.8
1997	11535.5	4600.3	3510.6	2692.2	515.2
1998	9654.5	2795.6	2562.0	3867.4	351.0
1999	12807.7	3863.3	3186.1	5425.0	246.6
2000	11695.1	4018.2	3327.3	4019.2	237.9
2001	11783.9	4440.8	2796.6	4128.1	326.4
2002	10826.3	4201.3	2189.6	4182.0	140.4
2003	9718.9	3677.0	2110.1	3704.9	124.4
2004	8920.0	3449.0	2138.0	3159.0	41.0
2005	11493.9	3745.3	2572.3	4529.8	506.0

注：本表系国有粮食企业的粮食收购量。
数据来源：国家粮食局统计资料。

7. 粮食分品种销售量（1978～2005年）

单位：贸易粮，万吨

年份	粮食销售总量	小麦	大米	玉米	大豆
1978	5343.5	1869.5	1774.0	876.0	162.5
1979	5679.1	1940.5	1826.0	1068.0	180.0
1980	6416.8	2257.0	2014.5	1301.5	204.5
1981	7223.3	2563.5	2123.0	1622.5	239.0
1982	7710.4	2858.0	2289.5	1596.5	272.0
1983	8003.2	3006.0	2497.5	1458.5	289.0
1984	10417.9	3699.5	3438.5	1932.0	355.5
1985	8564.9	3078.5	3006.5	1309.5	323.0
1986	9347.7	3618.0	3244.0	1357.0	321.5
1987	9190.8	3643.5	3080.0	1424.0	355.5
1988	10091.0	3885.0	121.4	1898.5	406.5
1989	8931.1	3522.0	2566.0	1846.0	346.5
1990	9033.3	3575.0	2770.5	1723.0	341.5
1991	10433.0	4085.0	3267.5	2065.0	383.5
1992	9000.0	3481.5	3046.0	1637.5	257.5
1993	6700.3	2848.5	2128.5	1088.0	230.0
1994	7648.4	3328.0	2609.5	1121.5	234.0
1995	9264.2	3707.5	2897.0	1570.0	520.5
1996	7340.9	3090.5	2259.5	1346.5	357.0
1997	6830.7	2439.5	2043.0	1632.5	429.5
1998	6116.0	2137.0	1795.5	1648.5	348.5
1999	9353.3	3137.0	2421.0	3197.5	439.5
2000	12556.9	3962.0	3030.0	4718.5	645.5
2001	8528.6	3225.5	2154.0	2577.0	439.0
2002	12070.1	4733.0	3155.5	3551.5	510.5
2003	13327.6	5458.5	3520.5	3817.0	361.0
2004	11944.0	4641.0	3247.0	3575.0	310.0
2005	12138.4	4277.1	2556.7	4348.7	841.7

注：本表系国有粮食企业的粮食销售量。
数据来源:国家粮食局统计资料。

二、2005年粮食行业大事记

1月

1月，国家发展改革委、财政部、国家粮食局等部门部署东北地区玉米购销工作。强调要继续发挥国有粮食企业主渠道作用；抓住当前市场有利时机，积极组织玉米出口；与南方销区建立稳定购销关系，加强运输协调，增加玉米销售数量；搞好宣传，引导农民克服惜售心理等。

1月31日，国家粮食局等部门在新疆组织中央储备小麦招标采购交易会。共成交小麦39.9万吨，成交均价1624.56元/吨，成交金额6.48亿元。

2月

2月，国家粮食局开展特有工种职业技能鉴定工作。组建国家粮食局技能鉴定指导中心，启动粮油购销员、粮油竞价员、粮油保管员等7个特有工种职业技能鉴定工作。

2月，财政部、国家粮食局等5部门联合印发《关于进一步完善对种粮农民直接补贴政策的意见》。

3月

3月，国家粮食局在部分地区开展军粮供应成本费用重点调查工作。

3月11日，国家发展改革委、财政部、国家粮食局、国家工商总局、国家统计局等5部门联合印发《关于进一步做好全社会粮食流通统计工作的通知》，要求各地做好全社会粮食流通统计工作。

4月

4月9日，国家粮食局等部门在河北省粮油批发交易市场组织了中央储备粮招标采购交易会，共成交粮食30.1万吨，成交金额5.21亿元。

4月22日，国家粮食局发出紧急通知，部署做好小麦购销工作，稳定市场价格。要求各级粮食部门适当控制库存粮食销售节奏；在新小麦上市前后停止中央和地方储备粮的集中拍卖活动；与农业发展银行协调适当延长小麦主产区国有粮食企业流转贷款的贷款期限等。

5月

5月18日至20日，全国军粮供应工作座谈会在郑州召开。会议强调要进一步完善政策办法，加强管理，统筹兼顾，推动军粮供应工作全面发展。

5月24日至28日，国务院法制办公室、国家粮食局、河南省人民政府联合在郑州举行了《粮食流通管理条例》“国粮杯”电视知识大奖赛，纪念条例颁布实施一周年。

5月，国家发展改革委、财政部、国家粮食局、国家工商总局、中国农业发展银行和中国储备粮管理总公司组成联合工作组，赴江苏、安徽、福建、江西、湖北和广东等6个省开展清仓查库工作。检查内容主要包括粮食库存的数量和质量、中央和地方储备粮轮换、安全储粮、重点非国有粮食企业执行国家粮食统计制度等情况，并开展中央储备粮代储资格现场核查工作。

6月

6月7日至8日，全国国有粮食购销企业改革工作座谈会在江苏省苏州市召开。会议的主要内容是总结交流近年来国有粮食购销企业改革工作情况，推介各地改革的典型经验，指导国有粮食企业改革。

6月11日至13日，国家粮食局、广西壮族自治区人民政府等单位在南宁联合举办"2005中国（南宁）东南亚粮农产品绿色食品暨粮农加工技术设备展览会"和"中国国际（东南亚）粮农发展论坛"。

6月14日至17日，全国粮食系统调控工作会议在银川召开。在总结交流情况的基础上，研究分析粮食供求形势，提出改善和加强粮食调控工作等意见。

6月14日至21日，国家粮食局、中国农业发展银行组成联合调研组，分赴陕西、河南、河北、湖北、四川五省对夏粮收购及收购资金供应情况进行调查。

6月24日，国家发展改革委、国家粮食局等部门联合召开电视电话会议，部署夏粮收购工作。要求各有关地方和部门高度重视夏粮收购，督促国有粮食企业继续发挥粮食收购主渠道作用，积极入市收购。中储粮总公司要按照白小麦不低于0.72元/斤、红小麦不低于0.69元/斤的价格，收购小麦作为临时储备。

6月27日至28日，全国粮食局长会议在北京召开。会议内容主要是贯彻落实中央经济工作会议、中央农村工作会议精神，以及《国务院关于进一步深化粮食流通体制改革的意见》和《粮食流通管理条例》，研究和部署进一步推动粮食流通体制改革和粮食流通各项工作。

7月

7月，国家粮食局派出三个检查组，由主要负责同志和分管负责同志分别带队，分赴河北、江苏、安徽、山东、河南、湖北等6个夏粮主产区，检查夏粮收购情况、收购价格及收购资金的落实等有关情况。

7月18日，国家发展和改革委、国家粮食局等5部门联合印发《2005年早籼稻最低收购价执行预案的通知》。

7月22日，国家粮食局召开了江西、湖南、湖北、安徽四省早籼稻收购工作座谈会。国家发展改革委、财政部、农业部、中国农业发展银行、中储粮总公司等部门和单位也派人参加了会议。研究分析了2005年早籼稻收购形势和市场价格走势，听取四省粮食部门对启动早籼稻最低收购价执行预案的意见和建议。

7月28日，经国家有关部门研究决定，早籼稻最低收购价执行预案分别在安徽、江西、湖北、湖南等四省正式启动。

7月28日至8月5日，全国粮食政策法规工作座谈会在兰州召开。会议传达全国经济体制改革工作会议精神；对一年来全国粮食政策法规工作进行总结和交流，研究部署下一步重点工作。

8月

8月，早籼稻最低收购价预案启动后，国家粮食局立即派出4个调查组，分别由局负责同志带队，赴安徽、江西、湖北、湖南4省，调查了解早籼稻收购情况，协调解决早籼稻收购中存在的困难和问题。

9月

9月1日至4日，全国粮食标准质量工作座谈会在乌鲁木齐召开。研讨粮食标准质量工作存在的主要问题和应对措施，提出粮食标准质量工作的主要任务。

9月2日，国家发展改革委、国家粮食局等6部门联合印发《2005年中晚稻最低收购价执行预案》。在中晚稻上市季节，当主产区中晚籼稻市场价格出现每斤低于0.72元，粳稻价格每斤低于0.75元时，由中国储备粮管理总公司及省级储备粮企业，按国家规定的最低收购价挂牌收购2005年生产的中晚稻。农民售粮高峰过后，如中晚稻市场价格仍稳定在最低收购价水平之上，指定企业方可停止挂牌收购。

9月，国家粮食局认真开展粮食流通监督检查行政执法培训。分三期对各省（自治区、直辖市）粮食行政管理部门的粮食流通监督检查行政执法人员及地（州、市）粮食行政管理部门监督检查业务骨干共853人进行了培训，向考核合格者颁发了粮食监督检查证，落实了粮食流通监督检查持证上岗制度。

9月，国家发展改革委、财政部、国家工商总局、国家粮食局、中国农业发展银行和中国储备粮管理总公司等部门和单位组成联合工作组，分赴天津、山西、内蒙古、黑龙江、河南、湖南、四川、陕西、新疆等9省（区、市），开展第二批国有粮食购销企业粮食库存抽查工作。

9月，国家粮食局派出三个检查组，分别由局负责同志带队，赴安徽、湖北、四川等主产省检查中晚稻最低收购价政策落实情况，及时研究解决收购中的问题。

10月

10月15日至16日，国家粮食局、四川省人民政府在“世界粮食日”之际共同举办“2005中国（四川）粮油精品展示交易会”，开展主题为“粮食与建设节约型社会”的“爱粮节粮宣传周”活动。

10月25日至26日，全国粮食财会处长会议在广西召开。研究落实促进国有粮食企业改革的有关财务政策；布置粮食财务挂账从企业剥离和上划工作，以及做好国有粮食购销企业扭亏增盈工作等。

11月

11月8日，国家粮食局召开会议，研究解决部分稻谷主产区仓容不足问题的具体措施。

12月

12月15日至16日，全国粮食安全生产工作会议在西安召开。贯彻落实国务院关于做好安全生产工作的指示精神，讲授粮食行业安全知识，研究落实粮食行业安全生产措施。

三、2005年有关粮食重要文件选编

粮食监督检查工作规程（试行）

（国家粮食局 国粮检〔2005〕31号 2005年3月9日）

第一章 总 则

第一条 为规范粮食行政管理监督检查行为，依照《粮食流通管理条例》和《粮食流通监督检查暂行办法》等有关法律、法规、规章以及其他规范性文件的规定，制定本规程。

第二条 本规程所指监督检查，是指县级以上粮食行政管理部门依照有关法律、法规、规章以及其他规范性文件，对在中华人民共和国境内从事粮食收购、储存、运输活动和政策性用粮的购销活动，以及执行国家粮食统计制度情况进行的监督检查。

第三条 粮食行政管理部门必须严格依照有关法律、法规、规章赋予的职责开展监督检查工作，遵守法定程序，坚持公正、公开的原则。

第四条 粮食行政管理监督检查实行分级负责制。国家粮食行政管理部门负责全国范围内粮食行政管理监督检查的指导和监督，组织实施全国性的监督检查任务，处理重大监督检查专案事项；省级粮食行政管理部门负责本辖区内粮食行政管理监督检查的指导和监督，组织实施涉及全辖区的监督检查任务，处理本辖区内重要监督检查专案事项；地、县级粮食行政管理部门负责本辖区内的监督检查任务。

第五条 上级粮食行政管理部门发现下级粮食行政管理部门的监督检查行为不妥的，可以建议下级粮食行政管理部门所从属的地方人民政府责令其改正。

第六条 粮食行政管理部门对监督检查事项的管辖权限依照《粮食监督检查处罚程序》中的有关规定确定。

第二章 监督检查的实施

第七条 粮食行政管理部门对下列情况应当及时进行监督检查：

（一）按有关规定要求开展对辖区内粮食流通情况以定期监督检查、专项监督检查、抽查和专案等方式监督检查的；

（二）公民、法人及其他组织举报的；

（三）上级粮食行政管理部门交办的，下级粮食行政管理部门报请的，其他上级机关交办的，有关部门移送的；

（四）其他方式途径披露并属于本部门管辖的。

第八条　粮食行政管理部门受理违反《粮食流通管理条例》的举报事项，须指定专人负责。对公民、法人或者其他组织举报的事项符合下列条件的，应当在十日内作出受理决定，并及时组织进行调查：

（一）有明确违法、违规行为人和危害后果的；

（二）有具体事实依据的；

（三）属于粮食行政管理部门监督检查范围并属本部门管辖的。

粮食行政管理部门应当为举报人保密。

第九条　有下列情形之一的，粮食行政管理部门不予受理，并酌情予以回复，举报人不明确的除外：

（一）举报内容不属于粮食行政管理部门职责管辖范围的；

（二）没有明确的被举报人或者被举报人无法查找的；

（三）就同一事项已经向有关机关举报、申请复查、行政复议、仲裁或者提起诉讼，有关机关没有作出不予受理决定或者不予受理裁定的；粮食行政管理部门对同一粮食违法、违规行为已经作出处理决定的；

（四）不属于粮食违法、违规行为举报受理范围的其他情形。

第十条　粮食行政管理部门在开展监督检查工作中，不得非法干预粮食经营者的正常经营活动。

第十一条　对上级粮食行政管理部门已经监督检查过的事项，除处理未完成的督办事项外，下级粮食行政管理部门在三个月内不得就同一事项再进行监督检查。

第三章　调查取证

第十二条　粮食行政管理部门进行定期例行监督检查，应当事先拟订监督检查计划。监督检查计划应当包括监督检查的对象、内容和工作方案等内容，并报本级粮食行政管理部门负责人审批。

第十三条　粮食行政管理部门在进行监督检查时，监督检查人员不得少于两人，并应当向当事人或者有关人员出示粮食监督检查证件。监督检查人员应告知当事人或者有关人员监督检查的依据和事项，以及拒绝、阻挠、干涉监督检查应负的法律责任。

涉及国家秘密、商业秘密和个人隐私的，监督检查人员应当保守秘密。

第十四条　监督检查人员进行调查，应当制作《调查笔录》。调查笔录经核对无误后，监督检查人员和被检查对象在笔录上签字或盖章。被检查对象拒绝签名的，监督检查人员应当将其拒绝签字或盖章的行为和理由记录备查；被检查对象不在场的，由见证人签字或盖章。

第十五条　监督检查必须全面、客观、公正地调查，收集有关证据。调查的证据应是原件、原物。调取原件、原物确有困难，但可以调取复制品、照片的，可由提交证据的单位或个人在复制品、照片等物件上签章，并注明“与原件（物）相同”字样或文字说明。

第十六条　凡能证明监督检查事项真实情况的书证、物证、视听材料、证人证言、当事人陈述、鉴定结论、勘验笔录、现场检查记录等作为监督检查的证据，以上证据经查证属实，为粮食行政管理部门作出监督检查处理意见的根据。

第十七条　监督检查人员有下列情形之一的，应当自行回避：

（一）是监督检查事项当事人近亲属的；

（二）与监督检查事项当事人有直接利害关系的；

（三）与监督检查事项当事人有其他利害关系，可能影响公正处理的。

当事人有权申请监督检查人员回避，是否回避由受理的粮食行政管理部门负责人决定。

对监督检查人员的回避决定作出之前，监督检查人员不停止对事项的监督检查。

第十八条　粮食行政管理部门在监督检查中，需要采集鉴定检验样品的，应由专职人员按规范的方法取样并填写抽验单，所抽验的样品应标明编号封存，及时送有资质的质检机构进行鉴定。

第四章　监督检查的处理

第十九条　监督检查终结后，粮食行政管理部门应根据监督检查的事实、性质、情节，制作监督检查报告书。监督检查报告书应当载明以下内容：

（一）被监督检查对象名称、检查日期；

（二）监督检查的原因、项目；

（三）发现的主要问题；

（四）处理意见。

第二十条　粮食行政管理部门发现粮食经营者有违反粮食流通法律、法规、规章和其他规范性文件的情形的，应依法提出处理意见、建议或处罚决定。

第二十一条　监督检查报告作出后，应在十五日内将检查结果、处理意见或建议通知当事人。

第二十二条　对当事人违法、违规事实已查清，依照粮食流通有关法律、法规、规章的规定应给予行政处罚的，粮食行政管理部门应提出行政处罚意见，报本级粮食行政管理部门负责人审批，当场作出行政处罚的除外。

第二十三条　粮食行政管理部门应根据情节轻重及具体情况作出行政处罚决定。对于重大、复杂的处罚案件，应当由作出行政处罚决定的粮食行政管理部门负责人集体讨论决定。

行政处罚的依据和种类以及方式、程序等依照《中华人民共和国行政处罚法》、《粮食流通管理条例》和《粮食流通监督检查暂行办法》的有关规定执行。

第二十四条　粮食行政管理部门在监督检查时，对有可能危害粮食生产者、经营者和消费者合法权益，以及危害社会公共利益的行为，应当责令当事人当场改正或限期改正，需书面责令当事人改正的，应填写《责令改正通知书》。

第二十五条　粮食行政管理部门应追踪督办监督检查处理意见、建议、处罚决定的执行情况。

第二十六条　监督检查后，应当将监督检查报告及相关资料及时整理装订，归档备查。

第五章　监督检查工作行为规范

第二十七条　监督检查人员进行监督检查时，不得接受被检查对象的任何馈赠、报酬，不得在被检查对象处报销任何费用，不得参加被检查对象提供的宴请、娱乐、旅游等活动，不得通过监督检查工作为本人、亲友或者他人谋取利益。

第二十八条　有下列行为之一的，由粮食行政管理部门责令直接负责的主管人员和其他直接责任人员改正：

（一）监督检查人员进行监督检查时没有出示监督检查证件的；

（二）没有正当理由擅自对被检查对象进行检查的；

（三）下级粮食行政管理部门违反第十一条规定在上级粮食行政管理部门检查后规定的期限内对同一事项再次进行监督检查的；

（四）监督检查人员违规向被检查对象收取费用的；

（五）有其他违法、违规行为的。

第二十九条　粮食行政管理部门的监督检查人员有下列行为之一的，依法给予警告直至开除的行政处分，构成犯罪的，依法追究刑事责任：

（一）接受被检查对象的馈赠、报酬的；

（二）在被检查对象处报销费用的；

（三）参加被检查对象提供的宴请、娱乐、旅游等活动的；

（四）通过监督检查工作为本人、亲友或者他人谋取利益的；

（五）有其他违法、违规行为的。

第三十条　粮食行政管理部门的监督检查人员违反《粮食流通管理条例》和《粮食流通监督检查暂行办法》规定，非法干预粮食经营者正常经营活动的，依法给予行政处分，构成犯罪的，依法追究刑事责任。

第六章　附　则

第三十一条　本规程中第八条、第二十一条中的期限以工作日计算，不含法定节假日。

第三十二条　依照法律、法规或者规章的规定，接受各级粮食行政管理部门委托行使粮食监督检查行政职能的组织，对粮食经营者进行监督检查，适用本规程。

第三十三条　粮食行政管理监督检查文书由各地参照本规程附表规定的格式自行印制。

第三十四条　本规程由国家粮食局负责解释。

第三十五条　本规程自发布之日起施行。

粮食监督检查行政处罚程序（试行）

（国家粮食局 国粮检〔2005〕31号 2005年3月9日）

第一章 总 则

第一条 为规范和保障粮食行政管理部门依法行使行政处罚职能，依照《中华人民共和国行政处罚法》、《粮食流通管理条例》、《中央储备粮管理条例》和《粮食流通监督检查暂行办法》等有关法律、法规、规章以及其他规范性文件的规定，制定本程序。

第二条 各级粮食行政管理部门对违反粮食流通法律、法规、规章的粮食经营者进行行政处罚，适用本程序。

第三条 本程序所指行政处罚，是指粮食行政管理部门依照粮食流通法律、法规、规章的有关规定，对应受处罚的粮食经营者作出的行政处罚。

第四条 粮食行政管理部门实施行政处罚应当遵循以下原则：

（一）公正、公开的原则；

（二）有法定依据的原则；

（三）处罚与教育相结合的原则；

（四）程序合法的原则。

第五条 粮食经营者对粮食行政管理部门所给予的行政处罚，享有陈述权、申辩权；对行政处罚不服的，有权申请行政复议或者提起行政诉讼。粮食经营者因粮食行政管理部门违法给予行政处罚受到损害的，有权依法提出赔偿要求。

第六条 粮食行政管理部门实施行政处罚时，应当责令当事人当场改正或者限期改正违法、违规行为。

第二章 管辖和适用

第七条 行政处罚由主要违法、违规行为发生地的粮食行政管理部门管辖。法律、行政法规另有规定的除外。

第八条 县级以上粮食行政管理部门按照法定权限的规定管辖本辖区内的粮食流通监督检查事项。

国家粮食行政管理部门负责对全国范围内发生的重大、复杂的监督检查事项进行督查。

第九条 两个以上同级粮食行政管理部门都有管辖权的监督检查事项，由最先受理的粮食行政管理部门管辖，因管辖权发生争议，协商不成的，报请共同上一级粮食行政管理部门指定管辖。

第十条 粮食行政管理部门发现监督检查事项不属于自己管辖时，应当及时移送有管辖权的粮食行政管理部门或者其他有关行政机关管辖。受移送地的粮食行政管理部门对管辖权有异议的，应当报请共同上级粮食行政管理部门指定管辖，否则不得擅自移送。

办案机关发现违法行为涉嫌刑事犯罪的，应当将案件及时移送司法机关处理。

第十一条 粮食行政管理部门实施粮食监督检查行政处罚，应当具备下列条件：

（一）有明确违法、违规行为主体的；

（二）有具体违反粮食流通法律、法规、规章事实和证据的；

（三）法律、法规、规章规定应当给予行政处罚的；

（四）属于本部门管辖范围的。

第十二条　粮食经营违法、违规行为在两年内未被发现的，不再给予行政处罚。法律另有规定的除外。

前款规定的期限，从粮食经营违法、违规行为发生之日起计算；粮食经营违法、违规行为有连续或者继续状态的，从行为终了之日起计算。

第三章　行政处罚的决定

第十三条　粮食经营者违反粮食流通法律、法规、规章依法应当给予行政处罚的，粮食行政管理部门必须依照《粮食行政管理监督检查工作规程》的有关规定查明事实；违法、违规事实不清的，不得给予行政处罚。

第十四条　除本程序第十六条规定情形外，粮食行政管理部门在作出行政处罚决定前，应当填写《行政处罚事先告知书》，告知当事人作出行政处罚决定的事实、理由及依据，并告知当事人享有陈述权、申辩权。

第十五条　当事人依法行使陈述权、申辩权的，粮食行政管理部门必须充分听取当事人的意见，对当事人提出的事实、理由和证据，应当进行复核；当事人提出的事实、理由或者证据成立的，粮食行政管理部门应当采纳。粮食行政管理部门不得因当事人申辩而加重处罚。

第一节　简易程序

第十六条　粮食经营违法、违规事实确凿并有法定依据，对个体工商户处以五十元以下、对法人或者其他经济组织处以一千元以下罚款或者警告的行政处罚的，粮食行政管理部门及其执法人员可以当场作出行政处罚决定。当事人依照本程序第三十三条、第三十四条的规定履行行政处罚决定。

第十七条　执法人员当场作出行政处罚决定的，应当向当事人出示粮食监督检查证件，填写《行政处罚决定书》，并当场交付当事人。

执法人员当场作出的行政处罚决定，必须报所属粮食行政管理部门备案。

第十八条　当事人对当场作出的行政处罚决定不服的，可以依法申请行政复议或者提起行政诉讼。

第二节　一般程序

第十九条　除本程序第十六条规定的可以当场作出的行政处罚外，粮食行政管理部门对依法应当给予行政处罚的行为，必须全面、客观、公正地调查，收集有关证据。

第二十条　粮食行政管理部门在调查时，执法人员不得少于两人，并应当向当事人或者有关人员出示粮食监督检查证件。粮食行政管理部门收集证据时，可采取询问、抽样检查、拍摄等方式收集证据。询问应当同时制作笔录，笔录应由执法人员和当事人或者有关人员签名或盖章，当事人或者有关人员拒绝签名或盖章的，应由执法人员记明。

当事人或者有关人员应当如实回答询问，并协助调查，不得拒绝、阻挠、干涉。

第二十一条　在证据可能灭失或者以后难以取得的情况下，经作出行政处罚决定的粮食行政管理部门负责人批准，可以将证据先行登记保存，并应当在七日内及时作出处理决定，在此期间，当事人或者有关人员不得销毁或者转移证据。对于不宜保存，日后易灭失的证据，可以采取照相、录像办法保存证据，执法人员应当在调查笔录中说明取证情况。

调查取证可参照《粮食行政管理监督检查工作规程》的有关规定进行。

第二十二条　调查终结，粮食行政管理部门应当对调查结果进行审查，并依据不同情况，分别作出如下决定：

（一）确有应受行政处罚的违法、违规行为的，根据情节轻重及具体情况，作出行政处罚决定；

（二）违法、违规行为轻微，依法可以不予行政处罚的，不予行政处罚；

（三）违法、违规事实不能成立的，不得给予行政处罚；

（四）违法行为涉嫌刑事犯罪的，移送司法机关。

对情节复杂或重大的违法、违规行为，给予数额较大的罚款和取消粮食经营资格的行政处罚，应由作出行政处罚决定的粮食行政管理部门负责人集体讨论决定。

第二十三条　粮食行政管理部门依照本程序第二十二条规定给予行政处罚，应当制作《行政处罚决定书》。《行政处罚决定书》应当载明下列事项：

（一）当事人的姓名或者名称、地址；

（二）违反粮食流通法律、法规、规章和其他规范性文件的事实和证据；

（三）行政处罚的种类和依据；

（四）行政处罚的履行方式和期限；

（五）不服行政处罚决定，申请行政复议或者提起行政诉讼的途径和期限；

（六）作出行政处罚决定的粮食行政管理部门名称和作出决定的日期。

行政处罚决定书必须盖有作出行政处罚决定的行政机关的印章。

第二十四条　粮食行政管理部门及其执法人员在作出行政处罚决定之前，不依照规定向当事人告知给予行政处罚的事实、理由和依据，或者拒绝听取当事人的陈述、申辩，行政处罚不能成立。当事人放弃陈述或者申辩权利的除外。

第二十五条　行政处罚决定书应当在宣告后当场交付当事人；当事人不在场的，粮食行政管理部门应当在七日内依照民事诉讼法的有关规定，将行政处罚决定书送达当事人。

第二十六条　粮食经营者对粮食行政管理部门及其执法人员作出的行政处罚有权提出申诉和检举；粮食行政管理部门应当认真审查，发现确有错误的，应当主动改正。

第三节　听证程序

第二十七条　粮食行政管理部门作出较大数额罚款和取消粮食经营资格决定之前，应当告知当事人有要求举行听证的权利；当事人要求听证的，粮食行政管理部门应组织听证，当事人不承担听证的费用。

前款中的“较大数额”，由省、自治区、直辖市结合本地实际情况确定。

第二十八条　当事人要求听证的，应当在粮食行政管理部门告知后三日内向作出处罚决定的粮食行政管理部门提出。逾期不提出的，视为放弃听证权利。粮食行政管理部门应当在听证的七日前通知当事人举行听证的时间、地点。

第二十九条　听证应公开举行，但涉及国家秘密、商业秘密或者个人隐私的除外。

第三十条　举行听证时，调查人员提出当事人违法、违规的事实、证据和行政处罚建议，当事人有权申辩和质证。当事人可以亲自参加听证，也可以委托一至二人代理，委托代理人参加听证的，应当出具书面委托书。

第三十一条　听证应当制作笔录，笔录应当交当事人审核无误后签字或盖章。

第三十二条　听证结束后，粮食行政管理部门依照本程序第二十二条的规定，作出决定。

第四章　行政处罚的执行

第三十三条　粮食行政管理部门行政处罚决定依法作出后，当事人应当在行政处罚决定的期限内予以履行。

第三十四条　当事人对行政处罚决定不服，申请行政复议或者提起行政诉讼的，行政处罚不停止执行。但行政复议或者行政诉讼期间裁定停止执行的除外。

第三十五条　作出罚款决定的粮食行政管理部门应当与收缴罚款的机构分离。

除依照《行政处罚法》第四十七条、第四十八条的规定，当场收缴的罚款外，作出行政处罚决定的粮食行政管理部门及其执法人员不得自行收缴罚款。

粮食行政管理部门及其执法人员当场收缴罚款的，必须向当事人出具财政部门统一制发的罚款收据；不出具财政部门统一制发的罚款收据的，当事人有权拒绝缴纳罚款。

第三十六条　粮食行政管理部门及其执法人员罚没收入上缴国库按财政部有关规定办理。

第三十七条　当事人在规定期间内不申请行政复议或者不提起行政诉讼又不履行行政处罚决定的，作出行政处罚决定的粮食行政管理部门可以采取下列措施：

（一）到期不缴纳罚款的，每日按罚款数额的百分之三加处罚款；

（二）申请人民法院强制执行。

第三十八条　当事人确有经济困难，需要延期或者分期缴纳罚款的，经当事人申请和作出处罚决定的粮食行政管理部门审查批准，可以暂缓或者分期缴纳。

第三十九条　行政处罚决定履行或者执行后，粮食行政管理部门应制作《行政处罚结案报告》，并将有关案件材料进行整理装订，归档保存。

第五章　附　则

第四十条　本程序第二十一条、第二十五条、第二十八条中的期限以工作日计算，不含法定节假日。

第四十一条　依照法律、法规或者规章的规定接受粮食行政管理部门委托行使粮食监督检查行政职能的组织，对违反粮食流通法律、法规、规章的粮食经营者实施行政处罚，适用本程序。

第四十二条　粮食行政管理部门及其执法人员违反本程序实施行政处罚的，依照《中华人民共和国行政处罚法》以及《国家公务员暂行条例》等有关规定，追究法律责任。

第四十三条　粮食行政处罚文书可由各地参照《粮食监督检查工作规程（试行）》附表规定的格式自行印制。

第四十四条　本程序由国家粮食局负责解释。

第四十五条　本程序自发布之日起施行。

粮食行政复议办法

（国家粮食局 国粮通〔2005〕1号　2005年7月4日）

第一条　为了防止和纠正粮食行政机关违法或不当的具体行政行为，保护公民、法人或者其他组织的合法权益，保障和监督粮食行政机关依法行使职权，根据《中华人民共和国行政复议法》，制定本办法。

第二条　公民、法人或者其他组织认为粮食行政机关作出的具体行政行为侵犯其合法权益，向粮食行政机关申请行政复议，粮食行政机关受理行政复议申请，作出行政复议决定，适用本办法。

第三条　本办法所称的行政复议机关是指按照本办法规定受理行政复议申请并作出行政复议决定的粮食行政机关，具体为县级以上（不包括县级）粮食行政机关。

第四条　公民、法人或者其他组织对粮食行政机关作出的下列具体行政行为不服，可以申请行政复议：

（一）对粮食行政机关作出的警告、罚款、取消行政许可等行政处罚决定不服的；

（二）认为符合法定条件，申请粮食行政机关办理粮食收购资格、储备粮代储资格等行政许可或其他行政审批，粮食行政机关没有依法办理的；

（三）对粮食行政机关作出的有关行政许可或其他行政审批变更、中止的决定不服的；

（四）认为粮食行政机关违法收费或违法要求履行义务的；

（五）认为粮食行政机关侵犯合法的自主经营权的；

（六）认为粮食行政机关的其他具体行政行为侵犯其合法权益的。

第五条　有下列情形之一的，不能申请行政复议：

（一）不服粮食行政机关作出的行政处分或者其他人事处理决定的；

（二）已就行政机关的具体行政行为向人民法院提起行政诉讼，人民法院已经依法受理的；

（三）对同一具体行政行为，已经申请行政复议，行政复议机关已经作出行政复议决定的；

（四）认为粮食行政机关出台的规范性文件侵犯其合法权益的。

第六条　公民、法人或者其他组织认为粮食行政机关的具体行政行为所依据的下列规定不合法，在对具体行政行为申请行政复议时，可以一并向行政复议机关提出对该规定进行审查的申请：

（一）国家粮食行政机关除规章以外的其他规定；

（二）省级或省级以下粮食行政机关的规定；

（三）粮食行政机关与其他行政机关或非行政机关共同发布的规定。

第七条　公民、法人或者其他组织认为具体行政行为侵犯其合法权益的，可以自知道或应当知道该具体行政行为之日起六十日内提出行政复议申请，但是法律规定的申请期限超过六十日的除外。

因不可抗力或者其他正当理由耽误法定申请期限的，申请期限自障碍消除之日起继续计算。

第八条　申请行政复议，可以书面申请，也可以口头申请；口头申请的，行政复议机关应当依法按照行政复议申请书要求填写的内容向申请人询问有关情况，作书面记录，并要求申请人对记录情况进行确认。

行政复议申请书应当包括以下内容：

（一）申请人为个人的，载明姓名、性别和住址等；申请人为单位的，载明名称、住所、法定代表人或主要负责人姓名、职务等；

（二）被申请人的名称、地址；

（三）被申请人的具体行政行为的内容；

（四）具体的行政复议请求；

（五）申请行政复议的主要事实、理由和证据；

（六）申请人的签名或盖章及申请日期。

第九条　对县级或县级以上的粮食行政机关的具体行政行为不服的，可以向该部门的本级人民政府申请行政复议，也可以向其上一级粮食行政机关申请行政复议。

对以粮食行政机关内设机构名义作出的具体行政行为不服的，该粮食行政机关是被申请人。

第十条　对地方粮食行政机关和其他行政机关共同作出的具体行政行为不服的，向其共同上一级行政机关申请行政复议。

对粮食行政机关与其他非行政机构共同作出的具体行政行为不服的，该粮食行政机关是被申请人。

第十一条　粮食行政机关被撤销的，对其被撤销前作出的具体行政行为不服的，向继续行使其职权的行政机关的上一级行政机关申请行政复议。

第十二条　对依法受粮食行政机关委托的事业组织作出的具体行政行为不服的，委托机关是被申请人。

第十三条　对国家粮食行政机关的具体行政行为不服的，直接向其申请行政复议。对行政复议决定不服的，可以向人民法院提起行政诉讼，也可向国务院申请最终裁决。

第十四条　行政复议机关法制工作机构具体办理行政复议事项，履行下列职责：

（一）受理行政复议申请；

（二）向有关组织和人员调查取证，查阅文件和资料；

（三）审查申请行政复议的具体行政行为是否合法与适当，拟订行政复议决定；

（四）处理或转送本办法第六条所列有关规定的审查申请；

（五）办理因不服行政复议决定提起行政诉讼的应诉事项；

（六）对下级行政复议机关的行政复议行为进行监督；

（七）监督本级或下级行政复议决定的执行情况；

（八）对下级粮食机关或本机关内设机构违反本办法的行为，依照规定的权限和程序提出处理意见；

（九）提供有关法律咨询和法律支持等服务；

（十）法律、法规规定或本机关授予的其他职责。

第十五条　行政复议机关收到行政复议申请后，应当在五日内进行审查，并视情况作出下列决定：

（一）对超过法定时限、且无正当理由延期，没有明确复议请求和事实根据，没有明确被申请人等不符合规定的行政复议申请，决定不予受理，并书面告知申请人，说明不予受理的理由；

（二）对符合本办法规定，但是不属于本机关受理的行政复议申请，应当告知申请人向有关行政复议机关提出；

（三）对符合法定受理条件，并属于本机关受理范围的，作出受理决定，制作《行政复议受理通知书》，送达申请人和被申请人。受理日期即行政复议机关法制工作机构收到行政复议申请之日。

第十六条　对行政复议申请材料不齐全或不符合法定形式的，应向申请人发补正通知书，一次性告知其需要补正或改正的全部材料。受理日期自法制工作机构收到补正材料之日起计算。

第十七条　公民、法人或者其他组织依法提出行政复议申请，接受申请的粮食行政机关无正当理由不予受理的，上级粮食行政机关应当责令其受理；必要时，上级粮食行政机关也可以直接受理。

第十八条　行政复议期间具体行政行为不停止执行，但是有下列情况之一的，可以停止执行：

（一）被申请人认为需要停止执行的；

（二）行政复议机关认为需要停止执行的；

（三）行政复议申请人申请停止执行，行政复议机关认为其要求合理，决定停止执行的；

（四）法律规定停止执行的。

第十九条　行政复议原则上采取书面审查的办法。但是，申请人提出要求，行政复议机关法制工作机构认为要求合理，或者申请人与被申请人对有关事实认定存在明显争议，或者行政复议机关法制工作机构认为确有必要时，可以向有关组织和人员调查核实情况，听取申请人、被申请人和第三人的意见。

第二十条　行政复议机关在调查时，调查人员不得少于两人。调查时，应当出示合法证件。

第二十一条　行政复议机关法制工作机构应当自行政复议申请受理之日起七日内，将行政复议申请书副本或者行政复议申请笔录复印件发送被申请人。被申请人应当自收到申请书副本或者申请笔录复印件之日起十日内，提出书面答复，并提交当初作出具体行政行为的证据、依据和其他有关材料。

申请人、第三人可以查阅被申请人提出的书面答复、作出具体行政行为的证据、依据和其他材料，除涉及国家秘密、商业秘密或者个人隐私外，行政复议机关不得拒绝。

第二十二条　行政复议过程中，被申请人不得自行向申请人和其他有关组织或者个人收集证据。

第二十三条　申请人在申请行政复议时，一并提出对本办法第六条所列有关规定的审查申请的，行政复议机关对该规定有权处理的，应当在三十日内依法处理；无权处理的，应当在七日内按照法定程序转送有权处理的行政机关依法处理。处理期间，中止对具体行政行为的审查。

行政复议机关在对被申请人作出的具体行政行为进行审查时，认为其依据不合法，本机关有权处理的，应当在三十日内依法处理；无权处理的，应当在七日内按照法定程序转送有权处理机关依法处理。处理期间，中止对具体行政行为的审查。

第二十四条　有下列情形之一的，行政复议机关可以决定中止行政复议：

（一）申请人死亡或终止的，尚未确定权利继承主体的；

（二）案件涉及法律法规适用问题，需要送请有权机关作出解释或确认的；

（三）行政复议决定需要人民法院的判决为依据，而相关案件尚未审结的；

（四）因不可抗力，致使行政复议不能继续进行的。

中止原因消除后，行政复议恢复进行。

第二十五条　有下列情形之一的，行政复议机关可以决定终止行政复议：

（一）申请人撤回行政复议申请，行政复议机关认为合法的；

（二）被申请人自动变更或撤销具体行政行为，申请人认为其合法权益得到维护的；

（三）申请人死亡或终止，无继承其权利的合格民事主体的。

第二十六条　行政复议机关法制工作机构应当对被申请人作出的具体行政行为进行审查，提出意见，由行政复议机关依照下列规定作出行政复议决定：

（一）具体行政行为认定事实清楚，证据确凿，适用依据正确，程序合法，内容适当的，决定维持；

（二）被申请人不履行法定职责的，决定其在一定期限内履行；

（三）具体行为有下列情形之一的，决定撤销、变更或者确认该具体行政行为违法；决定撤销或者确认该具体行政行为违法的，可以责令被申请人在一定期限内重新作出具体行政行为：

1.主要事实不清、证据不足的；

2.适用依据错误的；

3.违反法定程序的；

4.超越或者滥用职权的；

5.具体行政行为明显不当的。

（四）被申请人不按照行政复议机关的要求提供书面答复、提交当初作出具体行政行为的证据、依据和其他有关材料的，视为该具体行政行为没有证据、依据，决定撤销该具体行政行为。

行政复议机关责令被申请人重新作出具体行政行为的，被申请人不得以同一事实和理由作出与原具体行政行为相同或者基本相同的具体行政行为。

行政复议决定由行政复议机关负责人签发生效。

第二十七条　申请人在申请行政复议时可以一并提出行政赔偿请求，行政复议机关对符合国家赔偿法的有关规定应当给予赔偿的，在决定撤销、变更或者确认具体行政行为违法时，应当同时决定被申请人依法给予赔偿。

第二十八条　行政复议机关应当自受理申请之日起六十日内作出行政复议决定。情况复杂，不能在规定期限内作出行政复议决定的，经行政复议机关负责人批准，可以适当延长，并告知申请人和被申请人；但是延长期限最多不超过三十日。

第二十九条　行政复议机关作出行政复议决定，应当制作行政复议决定书，并加盖印章。行政复议决定书应载明下列内容：

（一）申请人为个人的，载明姓名、性别、住址等；申请人为单位的，载明名称、住所、法定代表人或主要负责人姓名、职务；

（二）被申请人的名称、住址；

（三）申请人的复议请求、申请行政复议的主要事实、理由；

（四）行政复议机关认定的事实和理由；

（五）行政复议决定的内容；

（六）申请人不服行政复议决定的救济途径；

（七）行政复议决定的日期。

行政复议决定书一经送达，即发生法律效力。

第三十条　被申请人应当履行行政复议决定。被申请人不履行或者无正当理由拖延履行行政复议决定的，行政复议机关或者有关上级机关应当责令其限期履行。

第三十一条　申请人逾期不起诉且不履行行政复议决定的，按下列规定分别处理：

（一）维持具体行政行为的行政复议决定，由作出具体行政行为的行政机关依法申请人民法院强制执行；

（二）变更具体行政行为的行政复议决定，由行政复议机关依法申请人民法院强制执行。

第三十二条　粮食行政机关受理行政复议申请，不得向申请人收取任何费用。行政复议活动所需经费，应当列入本机关的行政经费，按照《中华人民共和国行政复议法》的规定，由本级财政予以保障。

行政复议期间的计算和行政复议文书的送达，依照民事诉讼法关于期间、送达的规定执行。

第三十三条　本办法关于行政复议期间有关“五日”、“七日”的规定是指工作日，不含节假日。

第三十四条　外国人、无国籍人、外国组织在中华人民共和国境内向粮食行政机关申请行政复议，适用本办法。

第三十五条　本办法由国家粮食局负责解释。

第三十六条　本办法自发布之日起施行。

关于进一步做好全社会粮食流通统计工作的通知

（国家发展和改革委员会、财政部、国家粮食局、
国家工商行政管理总局、国家统计局
发改经贸〔2005〕376号　2005年3月11日）

按照《国务院关于进一步深化粮食流通体制改革的意见》（国发〔2004〕17号）以及《粮食流通管理条例》（国务院令407号）的有关规定，经报请国务院同意，现将做好全社会粮食流通统计工作有关问题通知如下：

一、充分认识开展社会粮食流通统计调查工作的重要意义。在粮食流通体制改革市场化进程全面推进，多元化粮食经营主体迅猛增加，粮食流通形势发生深刻变化的新形势下，建立覆盖全社会的粮食行业统计制度，开展全社会粮食流通统计调查工作，是国家加强和改善粮食宏观调控，粮食行政管理部门转变政府职能，发挥行业指导作用的必然要求，是落实国务院粮改政策，贯彻《粮食流通管理条例》，依法开展粮食统计工作的具体体现，是搞好粮食供需平衡，保证粮食市场稳定和国家粮食安全的重要手段。各地粮食行政管理部门要切实贯彻《粮食流通管理条例》和《国家粮食流通统计制度》，全面了解和掌握社会粮食供需平衡发展状况和变化趋势，准确、及时和科学地搜集不同类型的粮食企业、种粮农户以及城乡居民户的粮食购进、销售、储存等流通统计数据和有关情况，建立粮食市场价格监测预警体系，确保社会粮食流通统计工作的开展和各项调查数据的质量，为国家粮食宏观调控提供可靠的决策依据。

二、稳定和加强粮食统计机构和人员。按照国务院〔2004〕17号文件关于“稳定和加强粮食行政管理部门机构和人员，切实履行对全社会粮食流通监管的职责”精神，各地粮食行政管理部门要对稳定和加强粮食统计队伍给予高度重视，从工作需要出发，根据执行新制定的《国家粮食流通统计制度》将粮食统计的范围扩大到全行业，统计工作量成倍增加的实际情况，积极争取有关部门的支持，合理调整内设机构和配备较高素质的统计人员，以保证社会粮食流通统计工作的正常开展。

三、按照事权财权划分原则，安排落实社会粮食统计调查经费。根据国发〔2004〕17号文件“建立中长期粮食供求总量平衡机制和市场监测预警机制”的要求，开展全社会粮食统计调查、加强粮食安全预警监测将成为各级粮食部门的一项经常性工作。为保持全社会粮食统计工作的连续性和稳定性，保证调查数据的质量，根据事权财权划分的原则，社会粮食统计经费分别由中央和地方各级财政予以支持，专项用于社会粮食统计调查工作。

各级粮食行政管理部门要根据统计工作的实际需要，实事求是地对辖区内所需经费情况做出合理的测算，厉行节约，严格按规定用途开支。财政部门对社会粮食统计调查经费预算要认真审核，了解掌握粮食部门统计工作的具体情况，及时将审批通过的社会粮食统计调查经费列入当地财政预算。财政、粮食部门对统计经费要严格管理，确保社会粮食统计调查经费专款专用。

四、加强粮食统计制度的宣传，为全社会粮食统计工作的开展创造一个良好的社会环境。粮食购销市场全面放开后，按照《粮食流通管理条例》的规定，做好全社会粮食流通统计工作，是各级粮食行政管理部门的一项新职能。前一阶段，部分地区粮食部门会同发展改革、工商、统计等部门，采取多种形式，积极向社会各界宣传解释《粮食流通管理条例》和《国家粮食流通统计制度》，取得了一定的成效。为使全社会进一步了解新形势下的国家粮食流通政策和粮食流通统计制度，使粮食经营企业和用粮企业自觉执行粮食流通统计制度的有关规定，现就各地下一步宣传活动提出如下要求：

（一）组织开展社会粮食统计宣传月活动。经研究，决定将今年4月份定为“社会粮食统计宣传月”。各地粮食行政管理部门要通过广播、电视、报刊和网络等媒体大力宣传《统计法》、《粮食流通管理条例》、《国家粮食流通统计制度》，以及国家关于粮食统计的监督检查等内容。各地可将与粮食统计有关的法律、法规、制度印制成册，向粮食经营企业和转化用粮企业和个人发放。

（二）组织粮食企业参加粮食统计知识的培训。各级粮食、工商等部门要召集本辖区内粮食经营、转化规模较大的企业负责人及有关人员，举办粮食统计知识培训班。培训内容主要包括，一是向企业宣传解释粮食统计的政策法规，进一步增强他们的法制意识，提高报送统计数据的自觉性；二是向企业系统讲解粮食部门制定的统计报表、填制方法和报送办法，提高统计报表的数据质量；三是向企业提供现代技术服务，利用先进的粮食统计软件支持系统，提高企业统计报表报送的时效性和计算机应用水平。

各地粮食行政管理部门要高度重视社会粮食统计工作，主动争取有关部门的支持和配合，各地发展改革委、财政厅、粮食局和工商局要加强合作，密切沟通，协助配合粮食部门保证社会粮食统计工作的顺利完成。

关于印发2005年早籼稻最低收购价执行预案的通知

（国家发展和改革委员会、财政部、农业部、国家粮食局、中国农业发展银行 发改经贸〔2005〕1301号 2005年7月18日）

为认真落实《中共中央国务院关于进一步加强农村工作，提高农业综合生产能力若干政策的意见》（中发〔2005〕1号）文件确定的最低收购价政策，做好今年早籼稻收购工作，稳定稻谷市场价格，保护种粮农民利益，现将《2005年早籼稻最低收购价执行预案》印发给你们。各部门和单位要高度重视，按照预案的要求，精心安排，周密部署，密切配合，做好早籼稻执行预案的各项准备和组织实施工作。

2005年早籼稻最低收购价执行预案

第一条 为认真贯彻落实早籼稻最低收购价政策，切实保护种粮农民利益，根据《粮食流通管理条例》和《国务院关于进一步深化粮食流通体制改革的意见》（国发〔2004〕17号），以及《中共中央国务院关于进一步加强农村工作，提高农业综合生产能力若干政策的意见》（中发〔2005〕1号）精神，制定本预案。

第二条 在早籼稻主产区江西、湖南、湖北、安徽4省早籼稻上市后，当市场价格低于公布的最低收购价每市斤0.7元时，执行本预案。其他早籼稻产区是否实行最低收购价格政策由省级人民政府决定。

第三条 早籼稻最低收购价每市斤0.7元，是指2005年生产的国标三等质量标准的早籼稻，具体标准为杂质1%以内，水分13.5%以内，出糙率75%以上，整精米率50%以上。最低收购价是指直接承担向农民收购早籼稻的库点到库收购价。

非标准品的早籼稻具体收购价格水平，根据水分、杂质、等级等情况，按照《国家计委、国家粮食局、国家质检总局关于发布〈关于执行粮油质量标准有关问题的规定〉的通知》（国粮发〔2001〕146号）有关规定执行。相邻等级之间的等级差价按每市斤0.02元掌握。

第四条 在江西、湖南、湖北、安徽4个早籼稻主产区执行最低收购价格的企业为中储粮总公司及其有关分公司和上述4省地方储备粮公司以及北京、天津、上海、浙江、福建、广东、海南等7个主销区省级地方储备粮公司。中央和地方储备粮公司要按照合理布点、方便农民售粮、便于监管的原则，委托当地具有农发行贷款资格的粮食企业作为执行早籼稻最低收购价的指定库点。作为指定库点的粮食企业应当具备良好的仓储设施、较高的管理水平和良好的信誉。中储粮分公司拟定的收购库点和地方储备粮公司拟定的收购库点要按照统筹兼顾、合理布局的原则由中储粮有关分公司会同省级粮食行政管理部门和农发行省级分行进行衔接，报经省级人民政府审核后，由省级粮食行政管理部门上报国家粮食局，国家粮食局会同有关部门和单位审定后向社会公布。

第五条　早籼稻上市后，上述早籼稻主产省地方粮食行政管理部门要会同地方有关部门及时了解和掌握市场价格的动态情况。当局部地区市场价格低于每市斤0.7元时，有关省级粮食行政管理部门商相关部门及时报告国家粮食局，并抄国家有关部门（国家发展改革委、财政部、农业部、农业发展银行，下同）；由国家粮食局商有关部门做出相关决定。如决定启动本预案，即由国家粮食局责成中储粮总公司和有关省地方储备粮公司按每市斤0.7元的最低收购价格，在上述早籼稻主产区挂牌收购农民交售的早籼稻，以使早籼稻市场价格稳定在最低收购价格以上。

第六条　早籼稻上市后，各地粮食行政管理部门要引导和鼓励所有取得粮食收购资格的经营者按市场价格积极入市收购农民交售的稻谷。

第七条　预案启动后，中央和地方储备轮入的早籼稻应不低于国家规定的最低收购价水平。

第八条　预案启动期间，原则上停止中央和地方储备早籼稻的销售。

第九条　在早籼稻主产省最低收购价预案启动后，当售粮高峰过后，市场价格仍稳定在国家规定的最低收购价格以上时，中储粮总公司及有关分公司和有关地方储备粮公司指定收购库点可以停止按最低收购价收购早籼稻，并及时报告国家粮食局，同时抄送国家发展改革委、财政部、农业部、中国农业发展银行。

第十条　中储粮总公司及其有关分公司按最低收购价收购早籼稻所需贷款由农业发展银行按照国家规定的最低收购价格和合理收购费用及时足额发放。具体贷款企业由中储粮有关分公司与农发行省级分行根据当地实际情况协商确定，并报中储粮总公司和农发行总行备案。收购费用为每市斤2.5分（含县内集并费），由中央财政对中储粮总公司包干使用。

第十一条　地方储备粮公司按最低收购价收购的早籼稻主要用于充实地方储备，所需收购贷款由农业发展银行按照国家规定的最低收购价格及时足额发放。有关收购、保管费用和利息按地方储备粮管理的有关规定执行。

广西自治区执行最低收购价收购的早籼稻由政府有关部门统一组织在本区内竞价销售，发生的利息、费用补贴及盈亏在省级粮食风险基金中列支，必要时由中央财政适当补助。

第十二条　预案启动后，中储粮总公司和有关省粮食局每五日将指定库点按最低收购价收购的早籼稻数量和价格汇总后报国家粮食局。具体报送时间为逢五日、十日期后第二天中午12时之前。

第十三条　早籼稻最低收购价执行情况，分别由中储粮总公司和省级粮食行政管理部门于终止执行最低收购价格收购的一个月内报告国家发展改革委、财政部、农业部、国家粮食局、中国农业发展银行。

第十四条　中储粮总公司所属企业及委托指定库点执行最低收购价预案收购的早籼稻，由中储粮公司负责就地临时储存，一般情况下不进行跨县集并，由国家有关部门根据市场情况择机安排销售，公开拍卖，单独核算，盈利上缴中央财政，亏损由中央财政负担。临时存储早籼稻保管费用补贴标准为每市斤3.5分/年，贷款利息根据入库结算价与同期银行贷款利率计算，由中央财政支付，并由中储粮公司将利息和保管费用按规定标准及时拨付给指定收购库点。具体财政财务处理问题，按财建〔2004〕226号文件执行。

第十五条　执行最低收购价的企业及其指定库点，要按时结算农民交售早籼稻的价款，不得给农民打白条，不得压级压价和代扣各种收费，不得将农业发展银行贷款挪作他用。按最低收购价收购的早籼稻销售后及时归还农业发展银行贷款。对违反规定的，由当地工商、物价、粮食、农业发展银行等有关部门按照《价格法》、《粮食流通管理条例》等有关规定查处。

第十六条　国家发展改革委负责协调落实早籼稻最低收购价政策的工作，监测早籼稻收购价格变化情况，会同有关部门解决最低收购价政策执行中的矛盾和问题。财政部负责及时拨付中储粮总公司按最低收购价格收购早籼稻所需的费用和利息补贴。农业部负责了解各地执行最低收购价政策情况，监测早籼稻市场价格，反映农民的意见和要求。国家粮食局负责监督中储粮总公司和地方储备粮公司收购库点的布局和国家最低收购价政策执行情况，督促国有粮食企业积极入市收购。农业发展银行负责向执行最低收购价任务的企业及时提供收购资金贷款。省级人民政府负责监督地方储备粮公司最低收购价政策执行情况，并为中储粮总公司执行最低收购价任务创造必要的条件，保证按照国家规定充实地方储备。

第十七条　本办法由国家发展改革委、财政部和国家粮食局负责解释。

关于印发2005年中晚稻最低收购价执行预案的通知

（国家发展和改革委员会、财政部、农业部、国家粮食局、
中国农业发展银行、中国储备粮管理总公司
发改经贸〔2005〕1652号　2005年9月2日）

为认真落实中共中央、国务院《关于进一步加强农村工作提高农业综合生产能力若干政策的意见》（中发〔2005〕1号）确定的稻谷最低收购价政策，做好今年中晚稻收购工作，稳定稻谷市场价格，保护种粮农民利益，特制定《2005年中晚稻最低收购价执行预案》，现印发给你们。请按照预案的要求，精心安排，周密部署，密切配合，做好中晚稻执行预案的各项准备和组织实施工作。

2005年中晚稻最低收购价执行预案

第一条　为认真贯彻落实中晚稻最低收购价政策，切实保护种粮农民利益，根据《粮食流通管理条例》和《国务院关于进一步深化粮食流通体制改革的意见》（国发〔2004〕17号），以及《关于进一步加强农村工作提高农业综合生产能力若干政策的意见》（中发〔2005〕1号）精神，制定本预案。

第二条　在中晚稻（包括中晚籼稻和粳稻）主产区吉林、黑龙江、安徽、江西、湖北、湖南、四川等7省中晚稻上市后，当中晚籼稻市场价格低于公布的最低收购价每市斤0.72元，粳稻市场价格低于每市斤0.75元时，执行本预案。其他中晚稻产区是否实行最低收购价格政策由省级人民政府决定。

第三条　中晚籼稻最低收购价每市斤0.72元，粳稻最低收购价每市斤0.75元，是指2005年生产的国标三等质量标准的中晚稻，具体标准为：籼稻出糙率75%以上，杂质1%以内，水分13.5%以内；粳稻出糙率77%以上，杂质1%以内，水分14.5%以内。今年整精米率指标暂按籼稻不低于44%，粳稻不低于55%掌握。中晚稻最低收购价是指直接承担向农民收购的库点到库收购价。等外的中晚稻不得收购。

非标准品的中晚稻具体收购价格，除根据等级、水分、杂质等情况，须按照《国家计委、国家粮食局、国家质检总局关于发布〈关于执行粮油质量标准有关问题的规定〉的通知》（国粮发〔2001〕146号）规定扣价扣量外，对中晚籼稻整精米率低

关于进一步完善对种粮农民直接补贴政策的意见

（财政部、国家发展改革委、农业部、国家粮食局、中国农业发展银行
财建〔2005〕59号　2005年2月3日）

根据国务院的统一部署，2004年，对种粮农民直接补贴（以下简称粮食直补）工作在全国范围内全面推开，粮食直补机制已初步确立。各地认真贯彻粮食直补政策，措施得力，效果较好。为进一步促进粮食生产，保护粮食综合生产能力，调动农民种粮积极性，推动粮食直补政策的深入贯彻和落实，现就进一步完善粮食直补政策提出以下实施意见。

一、进一步完善对种粮农民的直补机制

（一）坚持粮食直补向产粮大县、产粮大户倾斜的原则。省级人民政府依据当地粮食生产的实际情况，对种粮农民给予直接补贴。

（二）省级人民政府对当地的主要粮食生产品种进行直接补贴，具体补贴品种及补贴标准由各省、自治区、直辖市人民政府根据当地实际情况确定，并提前向社会公布。2004年补贴标准过低、农民意见较大的地区，2005年要新增一部分补贴资金专项解决这个问题。新增资金的分配，必须用在标准确实过低的产粮大县和产粮大户身上，不搞平均分配。

（三）对种粮农户的补贴方式，粮食主产省、自治区（指河北、内蒙古、辽宁、吉林、黑龙江、江苏、安徽、江西、山东、河南、湖北、湖南、四川，下同）原则上按种粮农户的实际种植面积补贴，如采取其他补贴方式，也要剔除不种粮的因素，尽可能做到与种植面积接近；其他省、自治区、直辖市要结合当地实际选择切实可行的补贴方式；具体补贴方式由省级人民政府根据当地实际情况确定。

（四）粮食直补资金的兑付方式，可以采取直接发放现金的方式，也可以逐步实行“一卡通”或“一折通”的方式，向农户发放储蓄存折或储蓄卡。兑现直接补贴可以与农民缴纳农业税同步进行，但要分开操作，缴归缴、补归补，不许采取直接抵扣农业税的办法，也严禁抵扣其他任何税费。具体兑现方式，由省级人民政府根据当地实际，结合农民意愿自行确定。

（五）当年的粮食直补资金尽可能在播种后3个月内一次性全部兑现到农户，最迟要在9月底之前基本兑付完毕。具体兑付时间由省级人民政府根据当地实际情况确定。

（六）粮食主产省、自治区必须在全省范围内实行对种粮农民（包括主产粮食的国有农场的种粮职工）直接补贴；其他省、自治区、直辖市也要比照粮食主产省、自治区的做法，对粮食主产县（市）的种粮农民（包括主产粮食的国有农场的种粮职工）实行直接补贴，具体实施范围由省级人民政府根据当地实际情况自行决定。

二、粮食直补的资金安排、筹措与拨付

（七）保持粮食直补资金规模的相对稳定。各省、自治区、直辖市人民政府安排的粮食直补资金，不得低于2004年的直补资金额度，有条件的省份，可以适当增加，加大对种粮农民的补贴力

度，确保农民已得的实惠不减少。

（八）粮食直补资金，从现行中央对省级人民政府包干的粮食风险基金中优先安排。

13个粮食主产省、自治区，粮食风险基金暂时腾不出来，粮食直补资金不足的，经省级人民政府申请，由中央财政根据其粮食风险基金缺口情况给予借款支持，所借资金3年后逐步归还。

其他省、自治区、直辖市实行粮食直补后，粮食风险基金不足的，由省级人民政府自筹资金解决。

（九）需中央财政借款支持的粮食主产省、自治区，必须在每年的2月底之前提出申请，中央财政在审核后，在3月底之前将借款资金拨付到省级粮食风险基金专户。

（十）省级财政部门要将粮食直补资金与粮食风险基金的其他开支分开，单独测算补贴额度，单独拨付资金。

三、对粮食直补资金的监管

（十一）粮食直补资金实行专户管理。直补资金通过省、市、县（市）级财政部门在同级农业发展银行开设的粮食风险基金专户，进行管理。各级财政部门要在粮食风险基金专户下单设粮食直补资金专账，对直补资金进行单独核算。县以下没有农业发展银行的，有关部门要在农村信用社等金融机构开设粮食直补资金专户。要确保粮食直补资金专户管理、封闭运行。

（十二）要健全粮食直补财务公开制度。粮食直补资金的兑付，要做到公开、公平、公正。每个农户的补贴面积、补贴标准、补贴金额都要张榜公布，接受群众的监督。

（十三）要健全粮食直补基础档案管理工作，粮食直补的有关资料，要分类归档，严格管理。

（十四）地方各级财政部门要加强对粮食直补资金的监管，确保直补资金及时兑付到种粮农民手中，禁止集体代领。坚决杜绝截留、挤占、挪用补贴资金现象的发生。

四、坚持粮食省长负责制，积极稳妥地推进粮食直补工作

（十五）实行粮食直补，直接关系到广大农民群众的切身利益。各省级人民政府要对本地粮食补贴方式改革全面负责，实行严格的粮食省长（主席、市长）负责制。省级人民政府要责成省级财政部门牵头，由财政、发展改革（计划）、农业、物价、粮食等部门和农业发展银行组成粮食直补工作小组，分工协作，共同落实粮食直补工作。

（十六）省级人民政府要结合当地的实际，认真细致地制定具体实施方案，保证粮食直补工作的顺利实施。具体实施方案要报财政部备案。

（十七）为做好粮食直补工作，与直补相关的工作经费，如宣传费、资料费、纸张印刷费、核实种粮面积所需的必不可少的经费，原则上由地方财政预算安排，中央财政适当补助。地方财政安排有困难的，在从紧控制的前提下，允许从粮食风险基金中列支，具体列支金额由省级财政部门提出申请，报财政部核定。

（十八）省级人民政府要负责将本省、自治区、直辖市粮食直补所需资金及时筹措到位。粮食风险基金中的地方配套资金应根据直补需要提前到位。

（十九）省级人民政府要采取切实措施，保证将粮食直补资金及时足额地兑现到农民手中。

（二十）此文自印发之日起执行，以前政策与本规定不一致的，以此文为准。

财政部 国家发展改革委 审计署 国家粮食局 中国农业发展银行关于做好国有粮食购销企业政策性粮食财务挂账从企业剥离工作的通知

（财政部、国家发展改革委、审计署、国家粮食局、中国农业发展银行
财建〔2005〕363号　2005年7月29日）

为认真贯彻落实《国务院关于进一步深化粮食流通体制改革的意见》（国发〔2004〕17号）和财政部、国家发展改革委、审计署、国家粮食局、中国农业发展银行《关于印发〈国有粮食购销企业粮食财务挂账处理意见〉的通知》（财建〔2004〕187号，以下简称《挂账意见》）的精神，做好国有粮食购销企业政策性粮食财务挂账从企业剥离工作，现将有关事项通知如下：

一、政策性粮食财务挂账从国有粮食购销企业剥离的原则

（一）政策性粮食财务挂账从国有粮食购销企业剥离坚持“核定余额、据实剥离”的原则。即，由省级人民政府核定政策性粮食财务挂账占用农业发展银行贷款的实际余额，按核定的余额据实从国有粮食购销企业剥离。

（二）对国有粮食购销企业历史财务挂账（包括老粮食财务挂账、纳入中央和地方财政共同贴息范围的新增粮食财务挂账、陈化粮价差亏损挂账、保护价粮价差亏损挂账、其他亏损挂账），省级人民政府要逐项核实确定政策性粮食财务挂账，并核实确定各项政策性粮食财务挂账占用农业发展银行贷款的实际余额。剥离日前已消化的政策性粮食财务挂账，要及时核减占用的农业发展银行贷款。

（三）纳入中央和地方财政共同贴息范围的新增粮食财务挂账占用商业银行贷款的，按省级人民政府核实确定的政策性粮食财务挂账占用商业银行贷款的实际余额，从国有粮食购销企业剥离，同时将贷款等额划转到农业发展银行。

二、政策性粮食财务挂账从国有粮食购销企业剥离的处理

（一）国有粮食购销企业的政策性粮食财务挂账，原则上剥离到企业隶属的县以上（含县级）粮食行政管理部门集中管理；在政府机构中没有单独设立粮食行政管理机构的地区，可以剥离到地方政府指定的一家承担粮食行政管理职能的单位（以下简称地方政府指定单位）集中管理。

国有粮食购销企业政策性粮食财务挂账占用农业发展银行贷款从企业剥离到粮食行政管理部门（或地方政府指定单位）的具体操作办法，由中

国农业发展银行另行制定；前述第一条第（三）款占用商业银行贷款向农业发展银行划转的具体操作办法，由中国农业发展银行商有关商业银行另行制定。

国有粮食购销企业政策性粮食财务挂账从企业剥离后，企业相应核减政策性粮食财务挂账占用的银行贷款。

（二）政策性粮食财务挂账占用中国农业发展银行贷款，从停息日至挂账剥离日期间发生的利息，原则上按《挂账意见》的规定处理；地方财政确有困难，暂时难以支付这部分利息的，也可以对这部分利息单独反映，一并从企业剥离；具体原则由省级人民政府确定。

（三）负责政策性粮食财务挂账集中管理的县以上（含县级）粮食行政管理部门（或地方政府指定的单位），在同级农业发展银行开设“政策性粮食财务挂账专户”，将国有粮食购销企业剥离的政策性粮食财务挂账，全部划入专户。

（四）已经省级人民政府核定，占用农业发展银行贷款的政策性粮食财务挂账，必须于2005年9月底之前，从企业剥离完毕。

尚未处理的市场化改革前锁定的保护价粮（含定购粮，下同）和陈化粮库存，要按“新老划断、分步销售”的要求，抓紧妥善处理。这部分粮食全部处理完毕后，发生的价差亏损按《挂账意见》的规定，由省级财政部门会同同级审计、粮食部门及同级农业发展银行及时审核确定，占用农业发展银行贷款的保护价粮价差亏损挂账、陈化粮价差亏损挂账，要按有关规定及时从企业剥离。

三、政策性粮食财务挂账的集中管理

（一）政策性粮食财务挂账占用农业发展银行贷款，从国有粮食购销企业剥离之日起发生的利息，由财政部门按《挂账意见》的有关规定，直接与农业发展银行结算。

（二）负责政策性粮食财务挂账集中管理的粮食行政管理部门（或地方政府指定的单位），对从国有粮食购销企业剥离的政策性粮食财务挂账，实行专户管理，并区别挂账的具体内容，分设“老粮食财务挂账”、“新增粮食财务挂账”、“陈化粮价差亏损挂账”、“保护价粮价差亏损挂账”、“其他政策性亏损挂账”等5个明细账，按《挂账意见》规定，对政策性粮食财务挂账进行明细核算。

（三）各级财政、农业发展银行要根据政策性粮食财务挂账的具体内容，相应设置“老粮食财务挂账”、“新增粮食财务挂账”、“陈化粮价差亏损挂账”、“保护价粮价差亏损挂账”、“其他政策性亏损挂账”台账，登记反映和监督挂账变化的情况。

（四）各省级财政、粮食行政管理部门和农业发展银行要加强对政策性粮食财务挂账的管理，每半年联合向财政部、国家粮食局、中国农业发展银行报送《国有粮食购销企业政策性粮食财务挂账报表》。

四、加强领导，认真做好政策性粮食财务挂账从企业剥离工作

（一）国有粮食购销企业政策性粮食财务挂账从企业剥离工作，政策性强，涉及面广，工作量大。各省、自治区、直辖市要高度重视，加强组织领导。

有关部门和单位要加强协调沟通，共同做好政策性粮食财务挂账贷款的剥离与集中管理工作，确保挂账剥离工作有序彻底，财务会计账目不乱。国有粮食购销企业政策性粮食财务挂账从企业剥离的会计处理办法，由财政部另行下发。

（二）对政策性粮食财务挂账的核定及剥离工作，有关部门要按政策规定，认真把关。对纳入中央财政和地方财政共同贴息范围的新增粮食财务挂账，经省级人民政府核实确定并剥离的政策性粮食财务挂账数额，不得突破原来经中央有关部门清理核复的挂账在剥离日的实际余额。各省、自治区、直辖市要根据本地区实际情况，由省级财政部门牵头，会同同级审计、粮食等部门及同级农业发展银行制定剥离挂账的具体办法。各省、自治区、直辖市政策性粮食财务挂账剥离方案及剥离结果，要及时报财政部、国家发展改革委、审计署、国家粮食局、中国农业发展银行备案。

（三）有关部门要加强对政策性粮食财务挂账从企业剥离工作的监督、检查，严禁人为调整政策性粮食财务挂账占用农业发展银行贷款余额，严禁补放贷款剥离挂账，坚决杜绝虚报挂账、虚放贷款等现象的发生。

国家粮食局关于进一步做好国有粮食购销企业改革工作的通知

（国家粮食局 国粮电〔2005〕5号 2005年4月1日）

2004年，各地粮食部门积极贯彻落实国务院《关于进一步深化粮食流通体制改革的意见》（国发〔2004〕17号）精神，加大了国有粮食企业改革的步伐，国有粮食企业改革正在积极稳步推进，并取得了初步成效。为认真贯彻落实国务院第85次常务会议通过的《关于推进2005年经济体制改革的意见》的有关精神，各地要进一步加大推进国有粮食购销企业改革的力度，采取切实有效的措施，确保改革取得预期成效。

一、继续妥善解决国有粮食购销企业“三老”问题，抓紧做好粮食财务挂账的清理认定工作

各地粮食部门要按照国务院及有关部门关于粮食财务挂账清理审计的有关规定，在省级政府的统一领导下，积极配合有关部门对1998年6月1日以后至实行粮食购销市场化改革前发生的亏损挂账进行全面彻底的清理审计。既要防止对政策性亏损挂账认定不足，又要避免人为增加政策性亏损挂账。尚未进行清理审计的地方，要尽快开展工作；已经完成清理工作的地方，要抓紧进行政策性挂账的认定。各地挂账清理和认定工作务必在今年6月底前完成。对经清理认定的政策性挂账，尽快上划到县以上（含县级）粮食行政主管部门，按有关规定进行管理；对经清理核实的企业经营性挂账，也要按照“不流失国有资产、不逃废银行债务”的原则合理处置，有条件的地方可以探索集中到以县为单位成立的购销公司统一管理。

同时，各地要继续做好国有粮食购销企业下岗失业人员再就业工作，要充分利用现有购销网点和产业化经营优势，努力增加就业岗位，为下岗失业人员创造更多的再就业机会。在农村要面向农民，大力开展粮食代储存、代加工和兑换成品粮等便民服务，为农民提供生产优质粮油的订单服务和种植技术服务，通过扩大经营范围和粮食产业化经营，增加就业岗位。城镇国有粮食企业可推广便民连锁店和“早餐工程”等经验，积极发展面向城镇居民的社会化、“餐桌”化的服务产品，增加第三产业服务岗位，扩大就业空间。

二、加大对国有粮食购销企业改革的指导力度，加快企业经营机制的转换

各地在妥善处理企业“三老”问题的同时，要结合各地实际，因地制宜，积极推进国有粮食购销企业产权制度改革，优化企业布局和结构，增强企业的市场竞争力。国有粮食购销企业以外的其他国有粮食企业，要采取改组联合、整体转制、股份合作等多种形式，优化产权结构，实行投资

主体多元化，发展多种所有制的粮食企业。各地在企业重组改制中要依法规范操作，坚决防止国有资产流失和侵害职工合法权益。改革后的国有粮食企业要创新经营方式，积极实行粮食产业化经营。要逐步建立现代企业制度，完善法人治理结构，切实转换企业经营机制，做到政企分开，改革企业内部的人事、劳动和分配制度，建立有效的约束和激励机制。

三、继续发挥国有粮食购销企业主渠道作用，促进农民增收和企业增效

国有粮食购销企业要充分利用自身的仓储、运输设施优势和所享受的国家有关优惠政策，面向市场，主动服务，继续发挥粮食流通的主渠道作用。主产区粮食企业要改进服务方式，与农民建立稳定的粮食购销关系，积极收购农民粮食，掌握粮源，促进农民增产增收。主销区粮食企业要积极从产区采购粮食，保障市场供应，维护市场稳定。各级粮食部门要积极支持和鼓励国有粮食购销企业在粮食产销衔接中发挥主渠道作用，并建立产销区之间的互信机制，促进产区粮食向销区流通。积极培育产业化龙头企业，引导企业与农民之间建立利益共享、风险共担的合作机制，推进粮食产业化经营。提高粮食的生产、收储、加工、销售的集约化和产业化水平，开发粮油精深加工的新产品，以扩大市场销路，通过转化增值提高效益。

四、加强指导，促进国有粮食企业抓好扭亏增盈工作

各级粮食部门要继续加强对国有粮食购销企业扭亏增盈工作的指导，建立扭亏增盈目标责任制，并层层分解到国有粮食购销企业。健全和完善扭亏增盈工作定期报告、分析制度，及时反映和解决企业在扭亏增盈工作中出现的新情况、新问题。国有粮食购销企业要按照“购得进、销得出、有效益”的原则，积极掌握粮源，为企业扭亏增盈创造有利条件。同时，要利用现有资源和自身优势，大力开拓城乡市场，积极参与城乡社会化服务体系建设，拓展业务范围，搞好多种经营，提高经济效益。各地要进一步指导企业建立健全内部管理制度，强化企业内部管理，严格把好费用开支关，堵塞漏洞，压缩不合理费用支出。严禁借改革之机人为虚增、多报亏损的行为。

国家粮食局关于做好小麦购销工作稳定市场价格的紧急通知

（国家粮食局 国粮电〔2005〕6号 2005年4月22日）

今年春节过后，国内小麦市场价格开始逐步下跌。特别是最近一段时期，随着国有粮食企业小麦销售出库进度的加快，小麦价格反季节性下跌的趋势更加明显。为了认真贯彻落实国务院领导同志的批示精神，有效遏制小麦价格下跌的势头，保持市场粮价基本稳定，现就做好小麦购销工作和稳定市场价格等有关问题紧急通知如下：

一、充分认识稳定当前小麦市场价格的重要意义。在党中央、国务院的正确领导下，2004年我国粮食生产出现了重要转机，农民收入实现了较快增长。今年，中央1号文件提出，要继续加大各项扶持粮食生产政策的实施力度，努力实现粮食稳定增产、农民持续增收。为实现这一目标，国务院在《关于印发2005年工作要点的通知》（国发〔2005〕8号）中，把努力保持粮食等主要农产品价格在合理水平上基本稳定，作为今年宏观调控工作的一项重要内容。各级粮食行政管理部门一定要把思想统一到中央的精神上来，把行动落实到中央的统一部署上来。要充分认识到，如果小麦价格过度下跌，不仅会影响今年新产小麦的生产和市场价格，不利于农民增收，而且对早籼稻的市场价格和最低收购价政策的落实也会带来影响。因此，各级粮食行政管理部门要根据粮食流通市场化改革的新形势，加强调查研究，结合本地实际情况，研究制定稳定粮食市场价格、保护种粮农民利益的办法和措施，努力保持小麦等主要粮食品种价格在合理水平上基本稳定。

二、正确分析供需形势，适当控制小麦销售出库的节奏。2004年，我国小麦恢复性增产，产量达到1820亿斤，但与全年消费量相比仍存在较大缺口，主要靠动用库存来弥补。2004年以来，国家小麦库存一直呈下降的趋势，特别是商品小麦库存下降较快。据统计，2005年3月末，国家小麦总库存按可比口径计算，比上年下降7%，商品小麦库存下降26%。今年小麦收成尚未确定，即使产量有所增加，当年产需仍然存在一定缺口。因此，各级粮食部门特别是小麦主产区的粮食部门，要正确分析我国小麦的供需形势，积极采取措施，控制好小麦销售出库节奏，以防止小麦价格过度下跌。一是要加强市场分析，做好信息服务。各级粮食部门要认真分析小麦价格下跌的非理性因素，积极宣传小麦的供需形势，引导企业形成合理、稳定的价格预期。帮助和指导企业正确决策，适当控制库存陈粮的销售节奏，避免因小麦大量集中出库导致价格下跌给企业带来新的亏损。二是要加强对中央和地方储备小麦的轮换管理。中央和地方储备粮的轮换工作必须服从和服务于国家宏观调控的需要，切实把握好小麦轮换的方式和节奏。在新小麦上市前后，要停止中央和地方储备小麦的集中拍卖活动，防止过分打压市场粮价，发挥好储备粮轮换对稳定市场价格应有的调控作用。三是加强与农业发展银行的沟通协调，适当延长小麦主产区国有粮食企业流转贷款的贷款期限，使企业能够更好地把握销售时机，努力实现银企双赢。

三、加强小麦购销市场的监督检查。为保证小麦流通的合理有序进行，保持市场价格的基本稳定，各级粮食行政管理部门要依据《粮食流通管理条例》、《粮食流通监督检查暂行办法》等有关规定，加强小麦购销市场的监督检查。要把库存陈粮是否集中销售出库、中央和地方储备粮是否集中拍卖，以及是否存在低价销售等问题作为监督检查的重点，切实维护好粮食市场秩序。

四、积极做好夏收小麦入库的各项准备工作。目前距夏粮收获还有一个多月时间，国有粮食企业要继续做好农民余粮的收购工作，支持农民搞好夏粮生产。同时要积极做好今年夏粮收购入库的准备工作。各级粮食部门要深入分析夏粮的生产形势，搞好夏粮收购价格的分析预测和指导，主动引导各类粮食经营者积极入市收购。国有粮食企业要抓住粮食购销市场化改革的机遇，积极做好夏粮收购工作，努力多掌握粮源，继续发挥粮食流通主渠道作用，充实库存。要采取腾仓并库等措施落实仓容，备足必要的收购器具。要主动与农发行等金融机构加强沟通，筹措收购资金。另外，对与农民签订的“订单”收购合同，要坚决做到重合同、守信用，切实兑现对农民的承诺，保护好种粮农民利益。

后 记

经国家粮食局批准，在国务院有关部门的大力支持下，《中国粮食发展报告》自2004年以来已连续出版两年，在社会上受到普遍关注，得到了有关部门及社会各界的一致肯定。《2006中国粮食发展报告》（以下简称《报告》）全面、客观、详细地介绍了我国2005年粮食发展情况，针对当前粮食生产和流通领域的热点、难点问题，设置了良种推广补贴成效显著、散粮运输与包粮运输成本比较分析、联合国粮农组织对2006年世界粮食供求形势预测、国家标准和国际标准的制修订程序、粮食流通体制改革难点问题剖析、行政执法面临的问题等六个专栏进行了探讨，收录了“十五”时期国民经济和社会发展的有关统计数据、2005年粮食行业大事记和重要文件选编。本《报告》（包括附表）所有统计资料和数据均未包括我国香港、澳门特别行政区和台湾省。

《报告》在编写过程中得到了国家粮食局、国家发展改革委、农业部、国家统计局等有关部门的大力支持，参加《报告》编写工作的单位有：国家粮食局办公室、人事司、外事司、调控司、政策法规司、监督检查司、财务司、发展司、粮油信息中心、标准质量中心，中国粮油学会，中国粮食行业协会杂粮分会，中国植物油行业协会，国家发展改革委经贸司、价格司，农业部种植业管理司，国家统计局综合司等。

在此，谨向在《报告》编写过程中给予大力支持的领导、专家和同志们表示衷心的感谢！《报告》如有不妥之处，敬请读者批评指正。

中国粮食研究培训中心

《2006中国粮食发展报告》编写组

2006年8月1日